這種男人不要選！

渣男鑑定手冊

成長した女は、その男を選ばない"クズ男"見極め教本

板垣太朗——著　賴惠鈴——譯

1 哪些男人是渣男？

目錄
Contents

2 甩不掉渣男的人有這些特徵

目錄
Contents

4 誠實的男人這裡不一樣

目錄
Contents

序

別再談「心碎」「痛苦」「悲傷」的戀愛了

女人都說「喜歡真誠又體貼的男人」。

明明理智都知道，為什麼還是愛上不珍惜自己、不誠實的男人呢？

我們形容生活過得亂七八糟、沒有工作能力的男人為窩囊廢；讓女人為自己出生活費的男人為小白臉，最近則經常聽到「渣男」這句話，用來形容面不改色地說謊騙人、玩弄女性的男人。

聽到「渣男」這兩個字，妳腦中會浮現出什麼樣的男人呢？

大家好，我是板垣太朗，筆名「見知らぬミシル」。

我在推特發表與戀愛及人際關係有關的意見時，追蹤者愈來愈多，感謝大家的支持，現在已有大約七萬五千名追蹤者。

另一方面，我也是諮商師，截至目前接過七百通以上的諮詢電話。打電話來諮詢的煩惱中，絕大多數皆與下列的「渣男」有關。

「追我的時候明明說『妳好可愛』『我喜歡妳』，可是當我動了真心，就突然聯絡不上他了……」

「透過交友軟體認識，在對方的追求下展開交往，沒想到他已經結婚了。」

「第一次約會就情投意合，在酒精的催化下上床，從此以後就變成呼之即來、揮之即去的女人。」

這種渣男的特徵可以簡單整理如下：

- 嘴上說「我愛妳」卻總是避不見面、嘴上說「我會跟女朋友分手」卻死都不分手，**說的話與做的事完全是兩回事**。
- 交往後每次爭吵都說「是妳不對」「都是我的錯行了吧？」，**不願意面對兩人之間的問題**。

- 半夜突然找妳出去、看心情單方面地結束那天的約會，**只管自己，不在乎對方的感受**。
- 不當一回事地跟別的女人交往、明明已經有我這個女朋友了還利用交友軟體約別的女人出去，**自制力很差，貪戀女色到不正常的地步**。

……等等等等。

或許各位會覺得「我才不會愛上這麼渣的男人呢」。

可是他們會巧妙地隱藏本性，用花言巧語攻下自己看上的女人。

被這種人攻下的女人會逐漸對渣男產生依賴「我沒有這個人不行」，離不開他……。

如前所述，我透過電話諮詢看過太多被渣男玩弄於股掌之間的女人。

有一次，我在推特上發表了這段話：

「與好男人交往，即使見不到面也覺得很幸福。因為好男人會一直給妳安全感。穩重的心、柔和的表情、溫暖的話語……這一切都讓人充滿了安全感。另一方面，渣男總是讓人不安，所以見不到面的時候會覺得自己很不幸，感覺一顆心快要裂開了。」

「說穿了，女人只有兩個選擇，看是要跟渣男談一場驚心動魄的戀愛，還是跟誠實的男人談細水長流的戀愛。如果要選擇渣男，就得做好不安的心理準備；如果要選擇誠實的男人，就不該抱怨不夠刺激。」

沒想到這些貼文不一會兒就被瘋狂轉貼。

結果收到許多追蹤者令人驚喜的迴響。

「看了您的推特，我終於清醒了，決定離開渣男！」

「順利甩掉渣男了。托您的福，我內心的煩躁鬱悶總算消失了！」

這本書是根據我個人的分析，列出渣男的特徵，說明女人為何總是錯過誠實的男人，被不誠實的渣男吸引。以及如何轉換想法，別再談不幸的戀愛了。

倘若妳的心上人也讓妳覺得怪怪的，例如——

我喜歡的男人好像不太能信任。

明明才剛開始交往，男朋友的態度突然變得好冷淡，感覺不太對勁。
請務必翻閱這本書。
但願這本書能拯救飽受渣男折磨的妳。

板垣太朗

渣男的定義

截至目前，我經由電話諮詢及在社群網站上的交流，看過太多「因為與渣男扯上關係，心靈受到侵蝕，變得非常沒自信的女性」。

因此這本書所說的「渣男」是指「為對方的精神帶來不良影響，害對方喪失自信的男人」。

也就是不珍惜妳的男人。

經常有人把「窩囊廢」與「渣男」擺在同一個天平上。

但我認為這兩種男人應該要分開來看待。

以下完全是我個人的主觀認定，窩囊廢是「給別人添麻煩的男人」，渣男則是「傷害別人的男人」。

舉例來說，有很多工作能力很差的窩囊廢，可是工作能力很差的渣男並不多（有很多渣男甚至是公司行號的老闆）。換言之，渣男多半都具有某方面的能力。

如果妳也有以下的感覺——

「我喜歡的男人雖然事業有成，可惜對人有點冷淡」。

「剛開始交往就覺得男朋友有點怪怪的，該不會是什麼不好的男人吧」

不妨進行下一頁的「渣男診斷」。

渣男的診斷

都說是渣男，但渣男也分很多種。以下將帶各位檢查妳身邊的男性屬於第19頁的哪一種男人。人無完人，每個人都有一點渣的要素，這只能當成一個判斷的標準。

那麼，下一頁的A到C之中，妳身邊哪一位男性分數最高？

請用以下的計算方法來診斷，再看19頁。

計算方法

- 沒錯，就是這樣…3
- 硬要說的話確實是這樣…2
- 不確定…0
- 硬要說的話不是這樣…-1
- 不是這樣…-2

• 認識的人到朋友的階段

(1) 在社群網站上強調自己很寂寞……A
(2) 說家人壞話……A
(3) 從不說自己的事，所以不曉得他在想什麼……A、B
(4) 很少看著妳的眼睛笑……A、B
(5) 故作深情地說「妳好可愛呀」……C、B
(6) 一開始就以自來熟的語氣說話，剛認識就問「妳一個人住嗎？」……B
(7) 喜歡炫耀自己受歡迎或幹過什麼壞事……C
(8) 有賭癮，會衝動性消費……B
(9) 以問題回答問題……B
(10) 對妳說黃色笑話……B
(11) 說話時身體離得很近……B
(12) 對店員的態度很差……C
(13) 試圖用酒灌醉妳……B、C

(14) 會拍拍妳的頭，把妳當妹妹對待……B、C
(15) 對妳說「我跟女朋友處不好」……B
(16) 經常把「我一定會讓妳幸福」這種「絕對」的話掛在嘴邊……A、C
(17) 當妳問他「你愛我嗎？」回答「不愛妳就不會這麼做了」……B
(18) 會說「最好別愛上我」……A、B
(19) 會說「我喜歡妳，但無法和妳交往」……B
(20) 不是男朋友卻擺出男朋友的樣子……C

- **朋友～交往的階段**

(21) 遲遲不願刪除交友軟體……A、B、C
(22) 不願意討論問題，或是以沉默面對問題……A、B、C
(23) 喝醉會變得很不講理，表現出另一種人格……C、B
(24) 動粗……C
(25) 不肯避孕……A、B
(26) 不守時……B

(27) 只在晚上見面……B
(28) 經常把「大家都○○啊」等「大家都」三個字掛在嘴邊……C
(29) 不是怪別人，就是找藉口……C
(30) 口頭禪是「好麻煩」和「累死了」……A、B、C
(31) 會跟妳借錢……A、B
(32) 不聽人把話講完，找他商量時總是避重就輕地說「會不會是妳想太多了？」B
(33) 推說「我很忙，所以無法見面」刻意避不見面……B、C
(34) 利用「還有人比我更能帶給妳幸福」來拉開距離……A
(35) 會說「我很喜歡妳，但我們還是分手吧」「我怕傷害妳，所以還是分手吧」A
(36) 隨口就道歉「抱歉，都是我不好」……A
(37) 會說「妳可能不相信」……B
(38) 劈腿後說「不會再犯了」結果說話不算話……B、C
(39) 「這個不用說也知道吧」強迫妳接受他的想法……B、C
(40) 會說「我是為妳好才這麼說」……C

16～18頁的A、B、C直接分成A型、B型、C型的男人。

A型 不夠愛妳的男人

特徵

- 情緒不穩定，故步自封、自卑、無法一個人承受寂寞
- 沒有男性友人，起初聯絡得很頻繁，一旦放心就不再聯絡
- 不相信別人，想考驗愛情
- 會讓女人覺得「這個男人沒有我不行」

B型 缺乏自制力的男人

特徵

- 很容易輸給欲望，距離感很近，多半有戀母情結
- 具有逃避責任的傾向，愛交朋友，好奇心旺盛
- 性欲很強，單純地性好女色，自我感覺良好

C型　很愛表現自己的男人

特徵

- 一心只想出人頭地，講話很難聽，占有欲強
- 否定別人，地盤意識很強，不理解別人的心情
- 多半是老闆，不會從客觀的角度看事情，工作能力很強

如果符合的項目不到五個，是渣男的可能性大概就不高。

1

哪些男人是渣男？

對渣男的定義因人而異，以下是我個人的分析，以行動及台詞為例，為各位介紹渣男的特徵。不過這也只是一些例子。
閱讀時請對照妳本身的經驗，當成參考就好。

1 台詞：故作深情地說「妳好可愛呀」

聽到「好可愛呀」這種話，是人都會覺得很開心吧。

可是男人面對真正心儀的女人，才不會那麼輕易地把「妳好可愛呀」說出口。「渣男診斷」（19頁）的B型男性多半都有這種毛病，這種男人平常就很習慣與女性相處，知道怎麼討女人歡心，所以才會不以為意地把「妳好可愛呀」說出口。

他們以為只要說聲「妳好可愛呀」就可以輕易地把女人拐上床。

萬一妳很容易被男人的「妳好可愛呀」騙得暈頭轉向就要小心了。

他們的「妳好可愛呀」是可以對任何人說的話，並不是觀察得來的結果。

所以如果妳的意中人輕易把「妳好可愛呀」掛在嘴邊，反而要提高警覺**「他可能對每個女人都這麼說」**。

當然，不吝於肯定一個人外表魅力的男人很迷人。

但如果是以誠待人的男人，會努力地表達他知道妳內在的魅力。

因為當一個男人誠實地面對妳時，他會努力地挖掘妳表面上看不見的優點。

不僅如此，他們還會藉由稱讚妳的內在美來暗示**「我是如此地關注著妳」**。

因此隨時保持懷疑「這句話是否也能套在別人身上？」「這個男人是真的了解我之後才稱讚我嗎？」很重要。

POINT

那句話是否只能用在妳身上，不適用於別人？

2 喜歡炫耀自己受歡迎或幹過什麼壞事

喜歡炫耀自己受歡迎或幹過什麼壞事的男人屬於20頁的C類型。

基本上，他們很沒自信。不滿意現在的自己，所以只好利用炫耀自己來誇示自己。

另一方面，這種男人腳踏兩條船的可能性很高。

因為他們誤以為「受歡迎＝有價值」，傾向於將女人當成滿足自我肯定需求的工具。

真正受歡迎的人才不會到處炫耀。因為「炫耀自己受歡迎」其實是「不受歡迎所以想受歡迎」的願望表徵。

再說得直接一點，他們會藉由強調自己很受歡迎來暗示女性「還有其他女人喜歡我，我是有價值的男人」。

症狀比較嚴重的人還會產生「這麼受歡迎的我願意花時間在妳身上，妳可得好好感謝我」的傲慢心理……。

此外，炫耀自己幹過什麼壞事的男人則是想向對方表達「我以前做盡壞事，但已經徹底洗心革面了，是不是很了不起？」

不管是哪一種，炫耀自己受歡迎或幹過什麼壞事都是一種自我彰顯的欲望，滿腦子只有贏得別人好評的念頭。

因此他們的話題都圍繞著自己打轉。

開始交往後，這種人恐怕心裡眼裡還是只有自己，所以女人聽久了大概會受不了。

請成為能果斷地說「我不喜歡太受歡迎的人或壞男人，也不覺得這種人很帥」的女人。

POINT

或許他缺乏自信、自我顯示欲很強。交往後大概也會繼續滿腦子只有自己。

3 以問題回答問題

對別人的意見反問「為什麼？」沒有任何問題。

但如果是用「為什麼」來回答問題的男人就要小心了。

因為這種男人的心理是——

1 不想回答這個問題。

2 需要時間思考藉口。

舉例來說，問對方「你是不是還有別的女人？」假設對方回答「怎麼這麼問？」就表示他想利用「為什麼？」套出更多的資訊，好想出合情合理的藉口。

如果對方回答「妳不相信我嗎？」則是要讓妳對懷疑他產生罪惡感的策略。

19頁的B類型多半是這種男人，有許多技巧能巧妙迴避對自己不利的情況。

因此也得注意對自己的事絕口不提的男人。

他們也會用問題來回答問題，以迴避討論到自己的事。

因為他們可能不想讓對方知道「我其實已經結婚了」等對自己不利的情報。

從以前到現在，我處理過好幾件「不知對方已婚，發現時自己已經變成小三」的諮詢。

他們的心態是「不用回答對方沒有問到的問題，更重要的是別讓對方問起」。

因此倘若處於「回過神來都是我在說話」「在一起這麼久了卻對他一無所如」的狀況，他是渣男的可能性很大。

POINT

渣男會以問題回答問題，以免陷入對自己不利的狀況。

4 對店員很沒禮貌

20頁的C型男人對店員經常擺出沒禮貌的高姿態。

妳對這種男人有什麼看法？

恐怕大部分的人都不喜歡這種男人吧。可是與這種男人交往的女性多如過江之鯽喔（我以前在餐廳打工，看得太多了）。

對店員的態度可以說是「未來可能會對妳的態度」，對只此一次的關係表現出大小眼的態度很可能是基於「不需要給對自己沒好處的人好臉色看」的心態。

因此交往前請仔細觀察他對店員的態度。

另一方面，或許是因為「女人會觀察男人對店員的態度」最近已經透過社群網站或網路上的報導等工具成為公開的祕密，也開始出現「對店員也很有禮貌的渣男」。

因此必須從「這個人在我看不到的地方是否也對別人很體貼」的角度來判斷。

交往前必須花一點時間來懷疑對方。

「懷疑」這兩個字聽起來好像不太好聽，但我認為「相信」與「懷疑」基本上沒什麼太大的差別。

因為毫不懷疑地相信對方其實也是一種「一廂情願」。

重點在於站在對等的立場，觀察對方真實的模樣。

交往前很容易一頭熱地相信對方，所以請務必保持冷靜。

POINT

不妨把他對店員的態度視為對自己的態度。花點時間研究對方也很重要。

5 會拍拍女生的頭

誠實的男性應該不會輕拍沒有在交往的女性的頭。

妳不覺得這種行為很沒禮貌嗎。因為，拍對方頭的行為表示很有可能不把對方看在眼裡。

我聽過無數次「交往前輕拍自己頭的男性，交往後可能會從輕拍變成痛毆」的慘案。

問題是，有很多女性喜歡男人親暱地拍自己的頭。

順帶一提，我從未見過討厭男人拍自己頭的女性栽在渣男手上。可見這是一種充滿象徵性的行為。

19～20頁的B類型或C類型多半都是這種人，在還沒有交往的階段就拍女生頭的男人通常都抓不準人與人之間的距離感。

還有，也要小心過早牽手的男人。

基本上，如果真心喜歡對方，不會隨便牽起對方的手。才剛認識就想帶妳去開房間的男人也好不到哪裡去。

這種男人完全是以玩玩為目的，即使在對方身上感受到性吸引力，也絕不會愛上對方。

並不是發生過性行為才開始縮短距離，而是建立起信賴關係才發生性行為。

請不要在對方還沒愛上妳的階段就以身相許。

要提防搞不清楚距離感及順序的男人。

POINT

交往前會輕拍女生頭的男人，交往後可能會從輕拍變成痛毆。

6 台詞：輕易說出「我一定會讓妳幸福」這種「絕對」的話

「我一定會讓妳幸福」乍聽之下是充滿男子氣概的台詞，但用上「一定」這兩個字的時候，通常都只是一廂情願地以為自己可以做到。還有一點，「一定會讓妳幸福」是什麼時候？「讓妳幸福」又是什麼狀態？

像這樣仔細想想，就會發現這句話非常含糊。

渣男會把乍聽之下很帥氣的話掛在嘴邊，但那些話通常都「不負責任」「模稜兩可」。正因為如此，必須仔細判斷每句話的意思。

POINT

對乍聽之下很動人的台詞提高警覺很重要。

7 台詞：「如果不喜歡妳就不會這麼做了」

「如果不喜歡妳就不會這麼做了」這句話最大的問題在於「沒說喜歡」，而是「如果不喜歡妳」。

換個說法就是「如果討厭妳就不會這麼做了」。

說穿了，他其實什麼也沒說。

但渣男的本能知道說這句話可以討女人歡心。這句話同時也具有「逃避責任」的性質。簡而言之，「是妳自以為我喜歡妳，我可沒這麼說過」。

由此可見，他們不斷地找藉口，給自己留後路。

至於他們為何要不斷地找藉口，給自己留後路呢，是因為男人生來就比女人有很多的「戰鬥本能、逃避本能」。

渣男會遵循本能而非理性，因此會表現出更明顯的「戰鬥本能、逃避本能」，動手打人，拒絕溝通。

換句話說，男人的愛情及誠實代表「願意為自己說的話、做的事負多大責任」。無法對自己的言行舉止負責是渣男的一大特徵。

他們會利用不至於產生責任的間接表現來打動女人的心。

請提醒自己別為輕薄的言行舉止心動。

POINT

「如果不喜歡妳就不會這麼做了」是沒有責任感的男人的代表台詞。

8 自制力很差

「BBP」是渣男的代表行為，也就是「暴力」「暴言」與「劈腿」。

渣男之所以會出現這三大渣行為，主要是因為缺乏理性，也就是自制力太差。老實說，這類似一種病，不是那麼容易就能治好。

不過，上述的「BBP」平常不太會表現出來。如果一開始就表現出來，會把女人嚇跑，所以他們會巧妙地隱藏起來。畢竟渣男也不是笨蛋。

然而開始交往之後，這些就會原形畢露。

但這時女性通常都已經離不開他們了，即使受到暴力、暴言、劈腿的對待，也「因為愛著對方」而無法分手。

那麼該怎麼辦才好呢？交往前千萬不要忽略男人暴露出自制力低落的細節。

例如有賭癮、酒品很差、沉迷遊戲、開車時只要塞車就會心煩氣躁、放東西時發出巨大的聲音、看到可愛的小孩會目不轉睛地盯著看等等。

其中也有些渣男很善於隱藏自己，所以重點在於要拉長時間來觀察。

POINT

沉迷賭博、酒品很差的男人很可能自我控制的能力也很差。

9 表現得很有自信

前面也提到過，渣男通常都沒自信。而正因為沒有自信，才要穿上盔甲，表現出信心十足的樣子。

話說回來，如果是真的有自信的人，精神上應該會很穩定，散發出來的態度也會是很謙虛。

因為沒有自信，才會攻擊女人、瞧不起女人。

換言之，「『看起來很有自信』與『有自信』完全是兩碼事」。

而栽在渣男手上的女性十之八九都是對自己沒有自信的人。看在缺乏自信的女性眼中，渣男（尤其是20頁的C類型）反而閃閃發光，會認為：「他擁有我沒有的東西！」

但渣男看起來之所以充滿自信，其實只是藉由瞧不起對方，讓自己處於相對優越的位置罷了。

另外，被渣男瞧不起的女性也因為處於相對較低的位置，必須仰望對方，逐漸喪失自信，誤以為自己的存在毫無價值。

一直被渣男瞧不起、被粗魯地對待後，女人就會陷入「我是可以被粗魯對待的人，只有他願意和這樣的我交往」的迷思，愈來愈離不開渣男。

這是和他們談戀愛最恐怖的地方。

POINT

渣男只是看起來很有自信而已。與他們談戀愛會消磨自信心。

10 台詞：用「最好別愛上我」來牽制對方

「最好別愛上我」這句話實在太狡猾了。

狡猾的點在於這句話完全是利用了人類與生俱來「愈不能做的事愈想做」的心理。

19頁的A類型和B類型都是這種人，渣男生來就知道這麼說可以讓對方愛上自己。

但他們這麼說只是為了讓對方愛上自己嗎？

答案是否。

沒錯，他們說這句話還有別的目的，**那就是「逃避責任」**。

他們是為了製造出「我都說過不行了，是對方自己要愛上我」的狀況。

一旦製造出這種狀況，他們就能說「是妳不好」，完全牽著對方的鼻子走。

再說得清楚一點，這種狀況將形成非常容易讓人陷入依賴關係的陷阱。

因為「禁止」↓「許可」的轉變將創造出特別的感覺，讓人產生幸福的錯覺，就是如此，他們會使出各種手段讓對方依賴自己。

請變成即使聽到對方說「最好別愛上我」也能果斷地回答「誰會愛上你這種自以為了不起的男人啊，少往自己臉上貼金了」的強大女人。

POINT

如果對方說「最好別愛上我」，那就如他所願吧。

11 台詞：用「我喜歡妳，但無法和妳交往」來規避承諾

各位是否也有過對「我喜歡妳，但無法和妳交往。」「我喜歡妳，但我們還是分手吧。」這種「我喜歡妳，但……」這些話感到心亂如麻的經驗？

這是19頁的B型男性經常掛在嘴上的台詞。

他們為何會使用「我喜歡妳，但……」的公式呢？那是為了把對方當成備胎。

藉由「我喜歡妳」讓人產生「說不定他以後會跟我交往」的期待。

比起「抱歉，我無法和妳交往」，「我喜歡妳，但無

出現這種態度要注意！

- 「我很重視妳，所以跟女朋友分手了」
- 「我很喜歡妳，但現在還無法跟妳交往，希望妳能等我」

➔ 真的會實現嗎？

法和妳交往」的說法反而會讓人產生些許期待吧。另外，除了「我喜歡妳，但……」的公式，也有人會解讀成「我現在無法和妳交往」。

那到底什麼時候才能開始交往呢？這句話也跟「我喜歡妳，但……」一樣，帶有「我現在還想跟別的女生玩，所以無法和妳交往，但妳還是要繼續喜歡我喔」的暗示。

由此可知，渣男基本上都把女人當成備胎。

他們說的話總是模稜兩可，所以「雖然不曉得為什麼，但他總是顧左右而言他」的不對勁感通常都來自於此。

因此請不要忽略自己心中的不對勁感。

尤其交往前很容易變得盲目，所以在心裡問自己：「他沒有騙我吧？」「這個人真的沒問題嗎？」就顯得格外重要。

POINT

或許對方只是把妳當成備胎。不對勁的感覺皆源自於他模稜兩可的態度。

12 遲遲不願刪除交友軟體

明明都開始交往了，他卻遲遲不願刪除交友軟體，所以不少女性會要求對方「刪除交友軟體啦」，或者問：「你為什麼還在玩交友軟體？」

如果已經交往很久了，對方仍遲遲不願刪除交友軟體，那他很可能就是渣男。

他們為什麼不願刪除交友軟體呢？

理由很簡單，「因為他認為還會遇到更好的女人」。目前交往的妳只不過是「姑且先在一起的女朋友」。

如同已婚的男性很受歡迎，有女朋友的男人也

出現這種態度要注意！

- 「只是用來打發時間，不信妳看」（先刪除對話紀錄才給妳看）
- 「有必要刪除軟體嗎？妳懷疑我劈腿嗎？」

➜ **死都不肯刪除交友軟體是因為「覺得還能遇到更好的人」。**

很搶手。這種男性的心態是：因為已經有另一半了，反而更能遊刃有餘地追別的女人。

這種男人基本上都不會告訴身邊的人自己已經有女朋友的事。因為如果承認自己有女朋友，就無法再使用交友軟體了。

也就是說，妳可能只是他為了找到真命天女的墊腳石。

我也處理過好幾次「男朋友不肯刪除交友軟體」的諮詢，每次我的答案只有「允許他使用交友軟體，繼續交往下去」或「分手」這兩個選擇。

因為即使禁止對方使用交友軟體，對方也會在妳看不到的地方偷偷使用吧。

某位諮詢者說她男朋友的藉口是「留著交友軟體是擔心萬一之後分手可能會痛苦得受不了，所以必須有個宣洩的出口」。

這理由也太爛了吧。

POINT

他繼續使用交友軟體是因為把妳當成墊腳石。

13 不願意討論問題

無論問對方什麼問題，他不是回答「這種事沒什麼好討論的吧？」「妳幹嘛這麼堅持？」就是默不作聲。

妳是否已經對這樣的他失去耐心？

「不願意討論問題」其實就是「不願意深入溝通」。

他們之所以不願意討論問題，一方面是因為不想面對妳，另一方面也是因為不想被妳發現他不想面對妳。

渣男根本不在乎對方，所以也沒辦法好好回答妳的問題。而且他們也不希望被人發現他們只在乎自己。

對於只想玩弄女人的渣男而言，認真地面對女人太不合乎經濟效益了。所以只會以流於表面的溝通維繫彼此的感情。

因此如果覺得跟對方「好像無法討論問題」，最好趕快下定決心分手。不僅如此，交往前必須先確認能不能深入溝通。

聽到「深入溝通」可能會聯想到「解決問題」，但我認為光是解決問題還不夠。好比一起看電影時，光是討論哪裡有趣、分享對哪句台詞有同感也是深入的溝通不是嗎。

這時即使想法不同，也要仔細地觀察對方願不願意接受自己的價值觀，願不願意聽自己把話說完。

要從「想不想跟這個人同甘共苦？」「能不能與這個人同甘共苦？」的角度來判斷。

基本上，從討論問題時的態度就能了解到一些端倪。

POINT

他們之所以不願意討論問題，是因為經濟效益太低。所以交往前就要觀察能不能深入溝通。

14 台詞：「大家都○○啊」經常把「大家都」掛在嘴邊

要小心「大家都○○」這句話。當然，如果是身高或體重這種一翻兩瞪眼的數字就沒問題。

可是在討論彼此的價值觀時，經常把「大家都」這種話掛在嘴邊的人通常是渣男。

他們會用「大家都如何如何」來強調一般論的正確性，但這也表示他們沒有要面對妳。

妳想想看嘛，好不容易鼓起勇氣說出自己的煩惱，如果對方說「大家都這樣喔」，是不是很討厭。

那麼，怎麼說的人才值得信賴呢？就是敢主張「我認為○○」的人。

阿德勒心理學稱這種說法為 I message（以「我」為主詞的訊息）。如果把責任都歸咎到「大家都」，那就不用負責了，「我認為」則伴隨著責任。可見I message非常誠實。

除此之外，問對方「為什麼？」「妳為什麼這麼想？」的人也值得信賴。因為反問對方「為什麼？」其實也具有「想更深入地傾聽妳的意見」「想知道原因」的用意。意味著對方不會從表面做出判斷，就算跟妳意見不一樣，也願意接受妳的意見。

請選擇不是用一句「大家都」結束對話，而是願意問「為什麼」以加深彼此了解的男人。

POINT

請選擇願意面對妳，問妳「為什麼」的男人，而不是只會說「大家都」，不願意面對妳的人。

15 台詞：找他商量時總是避重就輕地說「會不會是妳想太多了？」

假如妳正為工作不順利、每天挨主管罵而煩惱。告訴男朋友時，對方卻回妳一句「會不會是妳想太多了？」妳一定會很生氣，覺得他居然用一句『想太多』就否決掉我的煩惱……

從「會不會是妳想太多了？」這句話就可以充分看出這個男人有多麼不體貼（尤其是19頁的B型男性最常把這句話掛在嘴邊）。

絕不能輕易被「會不會是妳想太多了？」這句話說服。才不是「妳想太多」。

絕不是妳想太多。

妳正在嚴肅地面對自己的人生。

那麼，他為何會說妳想太多呢？因為他沒有嚴肅地面對自己的人生。簡單地說，他只是想告訴妳「不用想得那麼嚴肅。跟我一起逃避現實，什麼都不想，快樂地過日子吧」。

他們怕妳一旦認真地面對人生，自己就會被拋棄。所以才拚命地阻止妳面對。還有一句很類似的台詞，那就是「船到橋頭自然直」。聽起來很輕鬆，但這也表示他可能根本沒有在聽妳說話。

想當然耳，有些話出現在適當的場合會讓人感覺如釋重負，但是如果因此而放棄思考就要小心了。

POINT

渣男不想思考太深刻的問題。所以千萬別陷入放棄思考的泥沼。

16 台詞：「還有人比我更能帶給妳幸福」

前面介紹過「最好別愛上我」這句話。有一句差不多的台詞，那就是「還有人比我更能帶給妳幸福喔」。

不覺得這句話很奇怪嗎？

我覺得這句話非常不負責任。

因為誰能保證「還有人比我更能帶給妳幸福」。如果要說出「還有人比我更能帶給妳幸福」這種話，不是應該要負起責任，幫忙找到這個人嗎？

還有，這句話也很「自以為是」。「有沒有人比你更能帶給我幸福」要由女人決定，不是男人可以決定的事。

被人擅自決定自己的人生，不管是誰，都會覺得很不爽吧。

話說回來，談戀愛並不是為了得到幸福。是為了變得幸福。

因此這句話的意思其實也可以解讀為「妳是只能從別人身上得到幸福的人」。

換句話說，「如果沒有人給妳幸福，妳就得不到幸福」。這才是這句話不太對勁的主因也說不定。

由此可見，渣男的發言不是「不負責任」就是「自以為是」。

要是妳也覺得他的發言怪怪的，請冷靜下來思考。我猜一定會浮現出不誠實的跡象。

POINT

請試著從「不負責任」與「自以為是」的角度來判斷他說的話。

17 台詞：隨口就道歉「都是我不好」

「會變成這樣都是妳害的」是渣男經常掛在嘴邊的台詞，但是他們也經常把剛好相反的「都是我不好」掛在嘴邊。但前者實在太過分了，把一切的錯都推到對方頭上。「都是我不好」乍看之下好像承認是自己的錯，其實完全沒有要反省的意思。

渣男說出這句話的時候，腦子裡想的其實是「對對對，都是我不好。我認錯總行了吧，不想再討論這個話題了」。

簡而言之就是「只想快點結束話題」。而且也不會提到「自己到底錯在哪裡」。換句話說，即使不覺得自己有錯，也可以說出這句話。

19頁的A類型都是這種人。

他們還會說「妳可能不相信我」或「聽起來很像藉口吧」。

這是為了保護自己的防線，也是「既然我都這麼說了，她應該不會怪我吧」的策略。渣男非常擅長試探對方的心理。

至於他們是如何學會這種心理技巧，我猜是因為他們這一輩子都致力於「盡可能簡單地解決問題」。

也就是說，他們一路走來都仰賴這種表面工夫，不願面對自己的內心。正因為他們不想面對自己的內心，才會一再地重蹈覆轍。

POINT

這些一心只想結束對話的輕挑言語，或許能從渣男身上學到許多心理技巧也說不定。

18 分手時會留下不痛快的感覺

他們說的都是違心之論，表現出曖昧的態度，所以分手時是否會留下不痛快的感覺？

19頁的A型男性多半都是這種人，最有代表性的台詞莫過於「我不想再傷害妳了」「我們的價值觀不合」。

其實「我已經不愛妳了」「我想跟別的女人玩」才是他們的真心話。女性的直覺會知道，「這不是他的真心話」，所以通常無法接受。

那麼他們為何要說這種話呢？因為這是「為了讓對方想復合」。大部分想復合的女人都是因為內心留下某種不痛快的感覺，無法心甘情願地與對方分手。

而這正是渣男為了將女人玩弄於股掌之間的策略。

他們本能地知道「人類在體驗到失去的時候最容易產生依賴心理」。所以「交往↓

分手時留下不痛快的感覺→讓對方產生依賴心理」是一組的。

看在他們眼中，前女友將自願成為安全網，所以就能放心地跟別的女人玩了。

此時此刻在推特上還能看到許多想復合的女性們的留言，也有很多想復合的女性打電話來向我求助。

讓女性想復合的背後其實隱藏著渣男這樣的策略。

POINT

如果妳想復合，可能是中了他的計。

19 把妳當成他的東西

當男性把對方當成自己的東西，就會經常把「交到女朋友了」「我想要妳」「妳只屬於我」這種話掛在嘴邊。

這也是一種束縛，限制對方的行動，想隨心所欲地控制對方也是這種心理。

他們無法控制自己，所以才想控制別人。再者，控制對方也意味著不相信對方。

以束縛為例，是基於如果不綁著妳，妳可能就會跟別的男人談戀愛或發生性關係的不信任感。

以大部分的情況而言，大概都是因為不相信自

出現這種態度要注意！

- 「不准跟其他男人見面」
- 「妳為什麼要跟那傢伙講話？」

➔ **像這樣想控制對方的行動可能就是「把對方當成自己的東西」。**

己。

自己的目光動不動就被別的女人勾走，腳踏兩條船，所以懷疑對方是不是也這樣。

有的女人會誤把束縛當愛情，但束縛與愛情相差十萬八千里。

因此如果覺得對方占有欲很強，最好快點離開對方。

另外，如果交往前對方就表現出把妳當成自己所有物的言行舉止，也要多加小心。

POINT

之所以想束縛對方，是因為不相信對方或不相信自己。

20 台詞：每次都說「不會再犯了」但每次都說話不算話

致已經被腳踏兩條船、說話不算話……背叛過好幾次，還是被「不會再犯了」這句話要得團團轉的妳。

他們為何會說「不會再犯了」呢？

他們又為何會犯相同的錯誤呢？

原因出在渣男特有的「頭過身就過的生存之道」，亦即「逃避現實的習性」上。

因為不想面對現實、不想面對自己，害怕認真地面對別人，因此一再地重蹈覆轍。

而女人的懷抱正是最適合他們的避風港。

只要逃到需要自己的女人身邊，他們就不用面對自己或現實，還能認為自己是有價值的。

但愈是逃避，他們愈不了解自己。

漸漸地，說的話與做的事背道而馳。

即使自己說出口的話並不是自己心裡想的話，或是心裡根本不這麼想，為了度過眼前的危機，還是信口開河……。

那麼，怎麼相信對方呢？無非是觀察對方「為了不再犯打算怎麼做」，也就是「是否表現出誠意，今後將採取哪些具體的行動」。

如果是腳踏兩條船，無非是「再也不去喝酒了」或「為了挽回妳的信任，會增加與妳聯絡的頻率或見面的次數」。

另外，明確地說出「對不起」，表現出反省的態度也很重要。

就算給別人添了麻煩，只要能徹底地反省自己做錯的事，改過自新，就不是渣男，而是誠實的男性。

POINT

觀察對方是否能夠道歉與自省及今後採取的行動。

21 台詞：「這個不用我說你也知道吧」強迫妳接受他的想法

人類的溝通大致可以分成兩種。

一種是用言語溝通。

另一種是用態度或手勢等非言語的方式溝通。

20頁的C型渣男基本上都避免用言語溝通。

因為他們覺得用言語跟對方溝通非常麻煩。

因此想出用暴力簡單結束溝通的邪門歪道。

對他們來說，暴力也是一種語言，是瞬間就能控制對方的手段，食髓知味後，就會覺得用言語溝通很蠢，因為言語溝通需要時間與耐性。

當然，並不是所有逃避用言語溝通的男人都會動粗。

不過，嫌用言語溝通麻煩的人通常都會採取言語之外比較輕鬆的方法。

「不耐煩」也跟暴力一樣，是因為覺得說話很麻煩，試圖用態度讓對方知道。

因此「這個不用說也知道吧」這句話背後可能潛藏著暴力或不耐煩。

交往前，他們心裡的惡魔或許尚未探出頭來。

因此要特別注意類似暴力或不耐煩的發言。

POINT

不屑用言語溝通的人或許就是渣男。

22 台詞：試圖用「我是為妳好才這麼說」來支配妳

「我是為妳好才這麼說」其實是「為了自己」、「為了我自己所以想支配妳」的意思。本來的目的就是為了控制對方。

可是好像無法控制對方，所以才說「我是為妳好」，假裝自己是為了對方著想。

因此會用到這句話的情況，恐怕都是女方不接受他們意見的時候。

因為女方不接受，只好以「我是為妳好才這麼說（所以請照我的意思做）」來說服對方。

以「最好別再跟妳那些男性朋友見面了，我是為妳好才這麼說」這句話為例，「不希望女朋友被那群男生搶走」才是他的真心話。

這時，女生最好回答「如果你是真的為我好，就請尊重我的意見」。

這種男人主要是20頁的C類型，因為缺乏自信，才想用這種方法控制對方。**因為沒有自信，更想體會控制對方的優越感。**

C類型的男人不願清楚表達自己的意見，而是勉強對方順從自己，乍看之下很有自信，其實一點自信也沒有。

我認為真正有自信的人應該會有足夠的胸襟接受對方的意見。

缺乏自信的女性很容易被這種「看起來很有自信的男人」吸引，所以要特別小心。

POINT

渣男都想控制對方。這股控制欲其實是因為沒自信。

23 利用社群網站看穿渣男的方法

渣男在社群網站的表現非常有特色。
不妨從以下這幾點來觀察。

- 追蹤了許多女性的私人帳號。
- 追蹤的女性比男性多很多。
- 經常使用IG的問卷功能（約人吃喝玩樂）。
- 對女性的自拍推特或「我肚子餓了」這種日常的推文按讚。
- 發很多抱怨或不滿的po文。
- 只回覆女性的po文。

社群網站對他們而言就跟「魚池」沒兩樣。換言之，他們會在這裡垂釣，等魚兒

（女性）上鉤。

對於不願意花太多努力談戀愛的他們來說，社群網站是非常方便的工具。留言、對女性的推特按讚、使用IG的問卷功能，靜待怕寂寞、很黏人的女性自投羅網。

如果看到對方的社群網站，覺得很可疑就要小心了。

也有人認為「最好不要看另一半的社群網站」，但我認為看也沒關係。「不要看另一半的社群網站」其實是基於逃避現實的想法，只是暫時不處理問題而已。

還有，文章也可以看出一個人的人品。從字裡行間感受到的不自然感，實際見了面也不會消失，所以跟「我喜歡這個人寫的文章」的人比較談得來。

POINT

在社群網站上感受到的不對勁十之八九都是真的。因此可以透過社群網站看穿渣男的真面目。

24 策略：歪曲女人的本意

就算沒有跟那個女生交往，渣男也會七早八早就想跟對方發生性關係。如果能果斷拒絕自然沒問題，可惜似乎有很多女人輕易地以身相許。

問題是，她們明明都覺得「不想讓對方認為自己是隨便的女人」，也知道跟不喜歡的男人發生性行為是一件很奇怪的事。

儘管如此，她們還是跟對方發生性關係，簡單地說就是屈服在渣男的「強硬」與「技

出現這種態度要注意！

男：「要不要來我家？我不會對妳做什麼。」

女：「才剛認識就去對方家好像不太好，但既然你都說不會做什麼了……」

➔ **明知一定會上床，卻拿對方說的話當擋箭牌，是為了給自己脫罪嗎？**

巧」下。

他們已經累積了幾十幾百次把女人拐上床的經驗，所以能輕易地解除女性的心防。

上過床以後，她們腦中就會出現以下的想法。

「我是因為喜歡這個人才會以身相許。」

簡而言之，她們為了說服自己「我不是那種會跟不喜歡的男人發生性行為的隨便女人」，硬生生地曲解了自己真實的心情。

這正是渣男的策略。

「女人不是跟喜歡的男人上床，而是喜歡上跟自己上床的男人」是很有名的一句話，就是這個意思。

POINT

請打開眼界，而不是張開雙腿。

25 策略：利用陰晴不定的態度讓人誤以為他很溫柔

與渣男談戀愛的女人經常會說一句話：「他雖然很○○但也有溫柔的地方。」這個「雖然很○○」說穿了都是扣分的部分，像是有時候說話很難聽，有時候動作很粗魯。若妳覺得他不好，他又會說「妳好可愛」「我愛妳」等甜言蜜語來哄妳。**當男人採取這種態度，陰晴不定的落差會讓女人誤以為他很溫柔**。為了不落入這個策略的陷阱，請只接收溫柔中的溫柔，別拿來跟討厭的部分比較，誤以為對方很溫柔。

POINT

請不要因為對方有溫柔之處，就對渣的部分視而不見。

26 策略：對誰都很體貼

像是走在靠車道的那一邊、幫對方拿包包、問對方「肚子餓不餓？」都屬於不管面對任何人皆能派上用場的體貼。

對他們來說，這種行為的經濟效益非常高，因為不用認真地面對對方。

這種「不管面對任何人皆能派上用場的體貼」具有非常簡單明瞭的好處。

簡而言之，**就是很容易讓對方認為自己是個體貼的人**。像這樣同時對不同女性提供不管面對任何人皆能派上用場的體貼是渣男慣用的技倆之一。

POINT

請從「他的體貼是不是對任何人都適用？」的角度來觀察。

27 策略：讓人產生「說不定……」的期待

「說的話跟做的事自相矛盾」。
「言行舉止摻雜著謊言與誇大，不曉得什麼才是真的」。
「或許因為是情緒化的人，態度變來變去」。
渣男的行動基本上無法預測。
19頁的A類型很多都是這種人，他們不太喜歡提自己的事。有女人找我商量「不明白他的心理。他到底在想什麼呢？」大概是因為他們的行為沒有一致性，習慣用謊言隱藏自己的真心。
這麼一來，妳就會對各式各樣的行為產生「說不定……」的期待。
「今天可能是剛好心情不好，下次說不定會對我溫柔一點」。

「雖然不再聯絡，說不定還有機會見面」。

「他說不定會為了我跟現在的女朋友分手」。

「突然不回訊息，但說不定過兩天就會再打電話給我」。

這種一而再、再而三的「說不定」會讓女方心亂如麻地一直煩惱。

如此一來，就會養成掛念這個人的習慣，對他產生強烈的執著。

我認為戀愛分成可以期待的狀況與不該期待的狀況。

建立在安全感之上的期待沒有任何問題，如果是建立在不安或不信任的基礎上，這種期待通常都會落空。

沒有正確地掌握現狀就貿然期待的話，等於是完完全全中了他們的計。

POINT

別成為「說不定」策略的待宰羔羊。

28 策略：讓人感覺求而不得，反而更深陷其中

「不可以愛上我喔。」「我們見面的事不要告訴別人喔。」「今天不要打電話給我喔。」「再繼續在一起的話，我會太喜歡妳，所以還是分手吧。」

渣男會巧妙地利用人類「愈得不到愈想要」的心理。

愛上眾人口中「最好別跟那傢伙扯上關係」的男人也是基於同樣的心理。

「最好不要」的警告反而讓人更感興趣。

POINT

聽到「別推喔」的警告反而推下去的傻事只存在於某搞笑三人組的短劇中就好。（註：日本搞笑三人組「鴕鳥俱樂部」的招牌搞笑段子。）

渣男與好男人的界線

比較渣男和好男人，可以想到以下的差別。

- 渣男讓妳不安，好男人讓妳放心。
- 渣男讓妳離不開他，好男人讓妳自立自強。
- 渣男讓妳的世界變小，好男人拓展妳的世界。
- 渣男讓妳失去魅力，好男人讓妳發揮魅力。
- 渣男掠奪妳的愛，好男人給予妳愛情。
- 渣男剝奪妳的自由，好男人讓妳更自由。
- 渣男不願意討論問題，好男人會積極溝通。
- 渣男讓妳意識到自己的缺點，好男人讓妳覺得有缺點也沒關係。
- 渣男想與妳建立利害關係，好男人想與妳建立信賴關係。
- 渣男想占有妳，好男人想與妳分享。

- 渣男會把他的價值觀強加到妳頭上，好男人願意學習妳的價值觀。
- 渣男要妳停止思考，好男人與妳一起思考。
- 渣男不願意面對妳，好男人很樂意面對妳。
- 渣男打壓妳的表現欲，好男人激發妳的表現欲。
- 渣男令妳自卑，好男人讓妳誠實地面對自己。
- 渣男感受不到妳的體貼，好男人一下子就發現了。
- 渣男只把妳當女人看，好男人會尊重妳是一個獨立的人。
- 渣男讓妳愁眉不展，好男人會跟妳一起笑。
- 渣男只讚美妳的外表，好男人連妳的存在也一起肯定。
- 渣男讓妳偽裝自己，好男人讓妳做真實的自己。
- 渣男會打擊妳的自信，好男人讓妳更有自信。

第一章的重點整理

一言以蔽之，渣男就是「不珍惜妳的男人」。他們不想面對別人，所以也不懂得珍惜女人。

可是，話說會來，是誰允許對方不珍惜自己？是誰選擇「不珍惜自己的男人」？

要選擇珍惜自己的男人，還是不珍惜自己的男人，都在妳的一念之間。

2

甩不掉渣男的人有這些特徵

／

以下將介紹無法與渣男分手的女性特徵。

看完第一章，即使發現他是渣男，也遲遲無法離開那個人。

如果妳覺得這一章好像是在寫自己，請先重新審視自己。

特徵1 為了填滿空虛而談戀愛

「為了填滿空虛而談戀愛」大概是不斷跟渣男談戀愛的女性最大的特徵。

因為寂寞的女人最容易上渣男的當。

她們最大的問題在於「想靠別人填滿寂寞」。

問題是寂寞不可能靠別人填滿。

別說填滿，和渣男談戀愛還會讓內心的破洞愈來愈大。

最後可能會陷入「沒有他我就活不下去了」的絕境。

為了填滿空虛而談的戀愛就是會讓人依賴到這個地步。

特徵2 不夠了解自己的內心世界

不夠了解自己的內心世界最大的壞處就在於無法判斷「對方理不理解妳」。

幾乎所有渣男都不是看上妳內在的吸引力，而是外表的魅力，或者是判斷妳是否容易對他產生依賴心理，然後來接近妳。

這時，只要夠了解自己的內心世界，就算受到對方的熱烈追求也不會動心。「他根本不想了解我，憑什麼說喜歡我？」

但如果不夠了解自己的內心世界，就會做出草率的判斷「他喜歡我」。

或許他們不是喜歡妳，只是覺得妳是個呼之即來、揮之即去的女人。

為了不讓自己淪落為那種女人，了解自己的內心世界就顯得格外重要。

特徵3 不了解孤獨的美好

大部分被渣男迷惑的女性都認為「孤獨＝惡」。

一旦認為「孤獨＝惡」，就會想方設法逃避孤獨，結果就被渣男吸引了。

孤獨不是壞事。不了解孤獨的美好才是壞事。不妨先改變對孤獨的認識。

至於為什麼不了解孤獨的美好，主要是因為沒有任何嗜好。如果是有嗜好的人，再也沒有比孤獨更美好的時光了。

因為可以不受任何人干擾，不用在意任何人的眼光，做自己想做的事。

因此不要覺得「一個人的時候很寂寞」，必須認為「因為有一個人的時間，才能盡情做自己喜歡的事」。

如此一來，應該會發現為他們患得患失的時間很可惜。

特徵4 「喜歡」的門檻太低了

她們大多數都輕易地認定「我喜歡他」。

而且最可怕的是，她們自以為喜歡對方的感情絕大部分皆與「喜歡」無關，而是別的東西。

例如——

臉紅心跳、不安、恐懼、欲望、執著……等等。

所以請先問自己：「我真的喜歡他嗎？」提高自己「對喜歡的判斷力」。

不能把沒有安心、尊敬、信賴的「喜歡」當成喜歡。

只要精神上夠獨立，是一個成熟的人，就不會輕易地喜歡上別人。

不容易喜歡上別人意味著想充分地了解對方，具有高度「對喜歡的判斷力」。

特徵5 無法拒絕

一旦「無法拒絕」就會對渣男言聽計從。

尤其是渣男會利用女性無法拒絕的弱點，打蛇隨棍上。

舉例來說，但凡心軟「只此一次、下不為例的話，應該可以借錢給他吧」而答應過一次對方的要求，就已經一腳踏進地獄裡了。他們的要求會愈來愈得寸進尺。

另外，才剛認識就因為對方要求「可以去妳家嗎？」讓對方在家裡過夜，或因為對方要求「妳馬上來我家」就拋下自己的事，跑去找對方的話，會變成無法主張自己的意見「呼之即來、揮之即去的女人」。

無法拒絕等於是把人生的主導權交到對方手上。

也就是說，無法拒絕與不珍惜自己是同義詞。

特徵 6 只想被當成女人看待

光看外表稱讚：「妳真是年輕貌美」「我好喜歡妳的髮型」雖然很令人愉悅，但願意看到身為一個人的內在美，例如：「妳看人好仔細，會注意到很多小細節呢」「妳敢堅持自己的意見呢」這樣的男生才是誠實的人。

想被當成女人看待並不是一件壞事，但是比起想被當成女人看待，「被當成一個人看待」更重要。**換句話說，重點在於「有沒有被當成一個人，受到尊重」**。

為了搞清楚「身為女性」與「身為人」的差別，妳也要提醒自己面對男人的時候要把對方當成一個人看待。

倘若能意識到自己是一個「獨立的人」，應該就能發現對方是否把自己視為「獨立的人」。

特徵 7 不愛自己

「不愛自己」「認為自己沒有價值」的女性潛意識中會覺得「我可以被糟蹋」。

因此被渣男糟蹋時，也無法啟動正常的雷達。

也就是說，無法察覺到對方的不對勁之處。

除此之外，這種女性認定自己是沒有價值的人，所以即使出現了珍惜自己的男人，也會產生莫名其妙的反感「居然這麼在乎我，這個人是不是有毛病啊？」

結果會錯過誠實的男性，受到不誠實的男性吸引。

特徵 8 不會問問題

為了看穿對方是不是渣男，「問問題」很重要。

而且如果不問問題，就無法了解對方。

各位不妨也多問對方一些問題，藉此獲得自己想知道的訊息。

如果不是自己主動想知道，就無法知道自己想知道的事，這點放諸四海皆準。

想問的事也不問，只當聽眾的對話會被對方牽著鼻子走，做出錯誤的判斷。

為了解對方的內心世界，
不妨詢問以下的問題

「你以前談的戀愛都是為了什麼原因分手？」
「你現在有什麼沉迷的事嗎？」
「與人相處的時候你最在意什麼？」

特徵9 一開始就過於相信對方

各位是否也曾有過「交往前那麼溫柔的人交往後突然變了個人」的經驗呢？

一開始就過於相信對方是很危險的事。

因為有很多男人都會裝乖。

因此若以為第一次見面的印象就是對方的一切簡直是自尋死路。

重點在於思考「這個人是真的溫柔，抑或溫柔只是他的一種手段？」

渣男熟知女人都喜歡溫柔的男人。

這也意味著有很多男人都以為「只要夠溫柔就能哄對方上床」。

從一開始就好好地懷疑對方也很重要。

特徵10 不敢表達自己的意見

不敢表達自己的意見有兩個原因。

一是不了解自己。這是指原本就不了解自己有什麼意見的狀態。

二是怕被討厭，所以不敢說。這是「明明有自己的意見，卻擔心對方不曉得會怎麼想，所以不敢說出口」的狀態。

渣男往往瞧不起不敢表達自己意見的女性，認為她們「這傢伙不敢表達意見，很好騙」。

不敢表達自己的意見也意味著保護不了自己。

所以請明確地表達自己的意見。

請拿定主意「如果對方會因為自己說出自己想說的話就討厭自己，那也無法勉強」。

特徵11

無法客觀地審視自己

以下是無法客觀審視自己的狀態。

- 沒發現自己被玩弄
- 沒發現自己被糟蹋
- 沒發現自己依賴對方或執著於對方

因為自己已經視以上狀態為理所當然了。

因此為了客觀地審視自己，也要參考一下別人是怎麼談幸福的戀愛。

如此一來，應該就能發現自己有多慘。

接受諮商，得到反饋也很重要。因為自己其實沒有自己以為的那麼了解自己。

所以請先有所自覺。

特徵12 只想不勞而獲

舉例來說，若想輕鬆填滿自己的寂寞，與渣男談戀愛是最快的方法。

他們也在尋找呼之即來、揮之即去的女人。

然而，實際上與渣男談戀愛無法填滿寂寞。

話說回來，要克服寂寞與不安並不是簡單的事。真正重要的東西可沒有這麼容易就能得到。

終究還是得好好地面對自己，努力採取行動，從失敗中記取教訓……上述的循環才能讓人成長，如果什麼都不做，白馬王子不會自己找上門來。

「我想改變依賴別人的自己，卻無法對前男友死心」也是同樣的道理。

魚與熊掌不可兼得。

特徵13 認為自己的魅力取決於男人會不會對自己出手

尚未進入交往的階段，對方就對妳出手的話，或許他確實在妳身上感受到性吸引力，但絕對不是愛。

不僅如此，交往前就發生關係的話，會讓對方覺得「這個人會跟不是男朋友的人上床」，對妳就不會真心相待，只是玩玩而已。

或許各位會覺得「明明是你先對我出手，這麼說太過分了吧」，但男人就是這種生物。

認為自己不夠有魅力，才會輕易地以身相許，這種行為無異於主動降低自己的價值。

不要變成隨便的女人。請變成堅強的女性。

特徵 14 不懂得感恩

平常懂得感恩的人與不懂得感恩的人，一般人都會想對前者好一點。

不懂得感恩的話，原本想對妳好的男人也會離開妳。

根據我的經驗，容易愛上渣男的女性，當對方為自己做些什麼的時候，比起「謝謝」，說「不好意思」的比例更高。

想當然耳，如果給別人添麻煩了，道歉是自然不過的反應，但沒有人會喜歡動不動道歉的人。聽在對方耳中，道謝遠比道歉更受用。

我認為所謂的感恩是「為了不把理所當然視為理所當然的手續」。

即使再小的事也要充滿感激，這麼一來就能讓內心更加豐盈。

內心一旦豐盈，就不容易受到渣男的吸引。

特徵15 不敢做決斷

與捨不得重視自己的男性交往，等於是給自己貼上「不珍惜我也沒關係」的標籤。想也知道，對方也會覺得「即使不珍惜妳，妳也不會離開我吧」而看不起妳。因此請傾聽自己內心的聲音。

千萬不要明明內心已經在吶喊「他都不重視我，我好痛苦」，卻無視內心的聲音。決斷是由「決定」與「了斷」構成。

如果不敢決定也不敢了斷，妳的人生大概不會有任何改變。

敢甩掉渣男的女性通常都是具有勇氣與決心的傑出女性。好男人才不會錯過這種女人。

特徵16 認為自己可以改變對方

與渣男交往的女性中不乏認為「我可以改變對方」的女人。

就我所知，這種戀愛談久了，女方十個有九個都會心力交瘁。

更糟糕的是，因為捨不得浪費在男人身上的時間與精神，很多女人無法做出分手的決斷。

打從想改變對方的那一刻開始，那場戀愛就已經不是愛了。

如果要跟那種男人交往，最好痛下決心接受對方的一切，而不是改變對方。

千萬別期待對方願意為妳做任何改變。

能改變他的只有他自己，不是妳。

特徵17 習慣為別人付出一切

自願為對方付出一切的女性通常都有以下的心理：

「不為他付出一切，他就會離開我」。

「我的價值建立在為他付出一切」。

「為他付出一切是因為我想這麼做」。

共通點在於「眼中完全沒有對方」。

擅自打掃對方的房間、建議對方該怎麼工作或花錢……他真的需要這些嗎？眼中完全沒有對方的女性看不出對方言行舉止的不誠實。最後連對方不珍惜自己都沒發現。

換言之，真正的問題在於想為對方付出一切的背景，而非付出一切的行為。

與另一半建立良好關係的女性根本不會想到「為對方付出一切」「讓對方為自己付出一切」這種次元的問題。

特徵
18
追求戀愛的快感

無法離開渣男的女性基本上都不太會自己找樂子。

這是基於希望對方能取悅自己的「客體意識」。

倘若具有這種意識，就會覺得穩重、溫柔的男人不能滿足自己。

另一方面，渣男會說很多令妳心花怒放的話，行為舉止也很迷人、刺激。

當然，如果一開始就打定主意是玩玩的關係，與這種刺激的人交往也無妨。

只不過，如果是想相伴一生的對象，就必須冷靜地思考。

不妨從平常就培養自己找樂趣的能力，那麼就不用在對方身上尋求刺激了。

特徵19 動不動就責怪自己

我認為「認為是自己的問題」與「認為是自己的錯」是兩回事。

前者的想法是「我沒有錯，但我承認是我的問題造成這個狀況，我願意改善」，後者的想法是「我承認是我的錯，責怪自己」。

無法擺脫渣男的人很容易只要對方稍微對自己冷淡一點，就認定「是因為我沒有魅力」，如果對方已讀不回，就認定「是我做了什麼不好的事」而責怪自己。

大部分的情況只是被對方的情緒起伏耍得團團轉，所以根本不需要過度責怪自己。

請別再責怪自己、傷害自己了。

特徵 20 表情陰鬱

平常接受電話諮詢時我都在想，幾乎所有打電話來找我商量渣男問題的女性的聲音都很沒精神。

聲音沒精神，就表示表情也很陰鬱。

妳的表情將決定靠近妳的男人，換言之，妳可以靠表情控制靠近自己的男人。

開朗的表情可以靠笑容培養。

剛開始即使是擠出來的笑容也沒關係。

看在異性眼中，表情活潑、聲音開朗的女性很迷人，只要受到許多男人喜愛，應該就會覺得緊抓著渣男不放是一件很蠢的事。

為了表現出開朗的表情……

- 揚起嘴角
- 開心的時候盡可能笑開懷

➔ **平常總是笑容可掬的人，傷心時表情會很明顯，所以對方比較容易知道妳在想什麼。**

特徵 21 只看見自己沒有的東西，看不見自己擁有的東西

「缺乏自信」「不夠可愛」「沒人在意」「沒有能力」等等，如果只看見自己沒有的東西，心理會生病，就會想用戀愛來填滿自己的不足。

這麼一來，當然就很容易對渣男動心。

「看見自己擁有的東西」並非只看見性吸引力或風評、能力。

自己喜歡的東西、自己擅長的東西、自己重視的人事物、願意珍惜自己的人、認為「我真幸福啊」的事、一路走來的寶貴經驗、自己的個性等等。

這些都必須刻意尋找才能發現。

反過來說，只要刻意尋找，任何人都能發現。

請看見自己擁有的東西，而不是不夠的部分。

特徵22

會激發出渣男的本性

有些學生會乖乖地聽某位老師的話、對某位老師擺出反抗的態度。

我認為問題是差在學生尊不尊敬、相不相信對方。

他們不會聽自己不尊敬也不相信的人說話，無論不尊敬也不相信的人說什麼，他們都聽不進去。

簡而言之，如果對方既不尊敬也不相信妳，可能會從對方的內心深處激發出渣男的本性。

反過來說，妳眼中的渣男看在別人眼中可能一點也不渣。

因此捫心自問「該不會是我把他變成渣男吧？」也很重要。

渣男喜歡的女人與渣男敬而遠之的女人

渣男喜歡的女人與渣男敬而遠之的女人具有以下的差異。

- 渣男喜歡總是很寂寞的女人，對自立自強的女人敬而遠之。
- 渣男喜歡不夠了解自己的女人，對獨立自主的女人敬而遠之。
- 渣男喜歡意志力薄弱的女人，對敢明確表達意見的女人敬而遠之。
- 渣男喜歡讓對方主導對話的女人，對掌握對話主導權的女人敬而遠之。
- 渣男喜歡不在乎對象內在的女人，對徹底觀察對方內在的女人敬而遠之。
- 渣男喜歡看不穿謊言的女人，對感到不對勁就立刻追根究底的女人敬而遠之。
- 渣男喜歡所作所為都是為了不讓別人討厭自己的女人，對不怕被人討厭的女人敬而遠之。
- 渣男喜歡沒有嗜好的女人，對有很多興趣、私生活過得很充實的女人敬而遠之。

- 渣男喜歡沒有中心思想的女人，對重視一致性及信念的女人敬而遠之。
- 渣男喜歡想被當成女人看待的女人，對想被當成一個人尊重的女人敬而遠之。
- 渣男喜歡無法主動愛上別人的女人，對會主動愛上一個人的女人敬而遠之。

第二章的重點整理

我認為光是「甩掉不珍惜自己的男人」並沒有解決根本的問題。

就像打地鼠，如果只是反覆地「看到地鼠冒出頭來就敲下去」也無法讓地鼠全部消失。那麼該怎麼做才好呢，只能改變環境。

因為問題其實出在環境，而不是地鼠身上。

套用到男女關係，地鼠是「不珍惜妳的男人」，環境則是「妳自己」。

唯有改變自己，才能解決根本上的問題。

3

不要和渣男談戀愛的須知

接下來將為各位介紹我心目中「談戀愛的須知」。
說穿了，戀愛無非是男女間的人際關係。
至於要跟誰怎麼走下去則牽涉到生活上的問題。
在這一章裡，也會帶大家思考「為了活出更精彩的人生，要變成什麼樣的自己」，而非只是不跟渣男談戀愛就好了。

須知 1

深入地了解自己

第二章已經說過，了解自己的內心世界，亦即加深對自己的理解至關重要。對自己的理解將成為自己的人生羅盤。

只要有了這個羅盤，就能不斷地前進，也不會搞錯前進的方向。

為了了解自己的內心世界，請盡可能仔細地回答以下的問題。

「自己有什麼優、缺點？」

「什麼是理想的自己？」

「理想的另一半是什麼樣的人？」

「溝通時重視什麼？」

「不想跟什麼人打交道？」

「什麼是死前最想實現的事？」

「自己跟別人差在哪裡？」
「做什麼事的時候會感到幸福？」
「什麼是這輩子最心生動搖的體驗？」
「覺得什麼很美好？」
「這一輩子特別重視哪些瞬間？」
「喜歡什麼書、什麼電影、什麼音樂？」
「為什麼喜歡那些書、那些電影、那些音樂？」
「自己還有什麼不為人知的優點？」

如果無法馬上想出來，接下來不妨去尋找那個答案。

然後在筆記本或日記裡寫下那些答案或寫在社群網站上，這種寫給別人看的輸出非常重要。

加深對自己的理解，可以確立自己的生存之道。

如此一來就能看穿對方喜歡自己哪裡，或是自己想知道什麼、相信什麼。

須知 2

學會問問題

第二章提到「很容易愛上渣男的人通常不太會問問題」，一旦學會問問題，就能套出許許多多對方的情報。

以下為各位介紹看穿對方是不是渣男特別重要的問題。

請善用這些問題，鍛鍊自己的觀察力。

「你假日都在做什麼？」

「你有什麼興趣？」

「現在有什麼熱衷的事嗎？」

➡渣男的興趣是玩女人，所以很少有其他的興趣。

只不過，渣男可能會臨機應變地掰出一些興趣，所以重點在於要繼續深入地追問

「為什麼會喜歡上這件事？」或「這個興趣的有趣之處在哪裡？」

「為什麼會跟前女友分手？」

➡可以知道對方願意坦承到什麼地步、敘述時會不會責備前女友、是否對自己的不足之處有充分的自覺。

「你有什麼弱點嗎？」

➡渣男會正當化自己、逃避問題，因此很可能對自己的弱點毫無自覺。

「你對還沒有交往就發生性行為有什麼看法？」

➡如果對方回答「我認為床上的契合度也很重要，所以能接受」，這個人絕對是渣男。

「平常和別人相處的時候，你特別重視什麼？」

🡇從這個問題可以知道他對人際關係的價值觀與想法。渣男通常無法好好回答。

「你都看女人哪些地方？」

「你喜歡什麼樣的女人？」

🡇如果對方說了一堆都是外在條件就要小心了。

即使對方提到內在的部分，也要確認他是否真的注意到那些地方。

重點在於觀察對方的言行是否一致。

「你喜歡我哪裡？」

「你為什麼想跟我在一起？」

🡇如果對方回答「因為妳很可愛」「因為妳很文靜」，這個人其實不太能信任。

因為這些答案可以套用到任何人身上。

如果回答的內容是可以套用到任何人身上的說詞，就表示對方眼中其實沒有你。

他對妳或許只是玩玩而已。

如果對方能具體地說出率真、嫻靜、談話優雅、態度有禮貌、謙虛、思考模式等與妳的內在美有關的答案，應該不太可能是渣男。

「你看小說嗎？」

➡看小說能體驗到與自己不同的世界或故事，培養設身處地的想像力，所以如果對方看很多小說，是渣男的機率大概很低。

除此之外，看小說還有助於自己排解或消化孤獨的時間與寂寞的心情。因此渣男感到孤獨寂寞時不會看小說，而是向女性尋求慰藉。

「你會寫日記或在部落格寫文章嗎？」

➡寫文章需要具備國文能力與客觀看事情的能力。沒有國文能力就無法分析自己的內心世界，沒有客觀看事情的能力，自己的言行就會不一致。

有寫作習慣的人變成渣男的機率應該不高。

「你平常都把錢花在什麼地方？」

⬇那個人的價值觀會表現在花錢的習慣上。

由於渣男非常沒有自制力，不是會衝動購物，就是不曉得錢都花到哪裡去了。

「有什麼一直在做的事嗎？」

⬇渣男只有三分鐘熱度，又缺乏信念，所以無法持之以恆。

所以談戀愛也無法維持太久。

能基於某種信念持之以恆的人，通常都具有維持人際關係的能力。

「工作很辛苦嗎？」

⬇是講工作的內容，還是抱怨職場上的人際關係，都可以做為一種判斷的材料。

渣男凡事都把責任推到別人頭上，所以有很多不滿及牢騷。如果對方能雙眼閃閃發光地高談自己的工作有什麼魅力，是渣男的機率大概不高。

「你想結婚嗎？」

「為什麼想結婚呢？」

🡇重點在於仔細地問出對方的婚姻觀。

渣男總以為結婚是交往的終點。因為當對方變成自己的東西，自己就能放心了。

但婚姻並不是終點，反而是起點。

想建立什麼樣的家庭、有多大的覺悟、對子女的教育有什麼想法……這些都是不問就無從得知的部分。

萬一不小心嫁給渣男，將無法生養出健全的孩子。妳問問題的能力甚至關係到孩子的幸福。

「你認為愛是什麼？」

🡇這個問題非常需要勇氣，如果是渣男有很高的機率都會顧左右而言他「什麼？這個問題太難回答了，我不知道」「這不重要吧」。

他們很討厭思考抽象又哲學的問題。

重點在於透過問題問出對方的價值觀、想法、熱情、信念、信條、感情等等。

還有，不只問問題，同時表達妳自己的想法也很重要。

渣男基本上都會逃避面對自己的內心世界，因此通常都無法好好地回答這些問題。

請利用問題看穿對方是什麼樣的男人。

須知3 不要完全相信對方，要仔細觀察

「這個人真的喜歡我嗎？」
「這個人到底喜歡我哪裡？」
「這個人把我捧得這麼高是不是有什麼陰謀？」
「這個人為什麼才剛認識就表現出一副很熟的樣子？」
「這個人為什麼只表現出自己好的那一面？」
「這個人為什麼給我一股不太對勁的感覺？」

重點在於要仔細地觀察對方。

一旦產生疑問，不要只在腦海中思考，請觀察對方、分析事實、進行確認。

如果有需要，也可以問對方問題。

為了相信對方，必須徹底地懷疑對方。

須知 4 肯定自己

「短期內肯定自己」及「長期肯定自己」都是肯定自己的方法。各自說明如下。

短期內肯定自己的方法

※結果因人而異，請透過實驗進行驗證。

- 做伸展操
- 做日光浴
- 伸懶腰
- 大掃除
- 讚美別人
- 穿想穿的衣服
- 擁抱自己

- 冥想或練瑜伽
- 聽喜歡的音樂
- 看喜歡的電影
- 模仿崇拜的藝人
- 說出三個自己的優點
- 與性格穩重、值得尊敬的人聊天
- 擺出勝利手勢
- 多看多聽積極正面的言詞，喃喃自語那句話

長期肯定自己的方法

●基礎篇（奠定基礎）

肯定自我是指「了解自己，接受、肯定那樣的自己」。

全盤了解自己的長處及短處、苦難的過去與不安的未來後，對自己發出「這就是我」的肯定訊號。

如果不願意面對自己不想看的部分，就無法肯定自己。

因此當務之急是先讓自己保持健康的狀態。

人一旦不健康，就無法積極正面地思考，也無法正常地想事情。

所以請先好好睡一覺、適度運動、吃點好吃的東西（我特別推薦發酵食品。健康的腸內環境有助於維持精神上的健康）。

調整成規律的作息後，就要避免會給自己帶來不良影響的事物。

別見不想見的人，沒必要的話就不要在社群網站上追蹤自己不想看的文章，不做不想做的事，不說不想說的話。

請徹底地排除會讓自己的狀態惡化的東西。

排除掉消極負面的東西後，再進一步地認識自己。

無論看到自己的哪一面，都要坦然接受「幸好我知道了」「能了解這點真是太好了」「接下來更積極地成長吧」「接下來要努力地改善」。

須知 5 活出自己的人生

打好 117 頁肯定自己的基礎後，才算是完成自我實現的準備。

為了實現自我，以下五點很重要。

(1) 立定想實現的目標。
(2) 思考達成那個目標的目的及好處。
(3) 了解自己目前的狀況，掌握與目標的距離。
(4) 思考如何達成目標的策略。
（有哪些方法、誰願意幫助自己、什麼環境比較適合、用什麼激發自己的幹勁、如何持續幹勁）
(5) 思考要從哪裡著手。

何謂「活出自己的人生」……

為對方而活 ➜「為了維持在他心目中的好形象，穿上他喜歡的衣服或梳他喜歡的髮型」。

活出自己的人生 ➜「我喜歡這件衣服或這個髮型，我是為了自己才打扮成這樣」。

許多為戀愛所苦的女性都太委曲求全，為了配合對方而抹滅自己的個性。為別人而活，沒有活出自己的人生。

妳活得多認真，看在異性眼中就有多迷人。

活出自己的人生並不是為了討別人歡心，也不是為了得到別人的肯定，而是接受自己原原本本的模樣，不模仿其他人，從人生中獲得真正的經驗。

就算不得不面對失敗及挫折、困難，也能豐富妳的人生。

人一生的時間極為有限。

沒空浪費在渣男身上。

須知 6 搞清楚絕大部分的煩惱都是因為吃飽太閒

人是基於繁殖與繁榮這兩個目的，依本能採取行動的生物。

尤其是在繁榮的目的下，人類其實不需要閒暇。

這裡所謂的閒暇是指沒事做，思考處於停止的狀態。

如果人類什麼也不想、什麼也不做，文明就不會發達。

因此人類的大腦會硬生生地製造出煩惱，以免吃飽太閒沒事幹。

只要製造出煩惱，人類就能繼續思考，免於閒暇。

可是這裡會有一個問題，那就是製造出來的煩惱其實是「為了埋滿空檔隨便產生出來的煩惱」，實際上並沒有意義。

換句話說，即使想破頭也想不出個所以然來。

還有，大部分的煩惱都是以下這種自己無法控制的煩惱。

「他不傳 LINE 給我」
「他好像討厭我了」
「這麼說或許能留住他」
以上的問題都取決於「他要什麼做」，自己根本無能為力。
該怎麼處理這種「無法控制的問題」呢？
答案是「換成可以控制的問題」。
請試著用以下的角度來思考。

「他不傳 LINE 給我」
➡思考在等他傳 LINE 來的時間可以做什麼。
➡不妨更進一步，找出自己想做的事，讓生活更加充實，不去在意對方聯不聯絡自己。

「他好像討厭我了」

➡下次見面的時候告訴對方「如果你有什麼話想跟我說，隨時都可以告訴我喔」。

➡更進一步地建立「就算被討厭也無所謂」的心態。因此不要為別人的眼光而活，要以自我評價為生活的重心。

「這麼說或許能留住他」

➡思考該怎麼做才能讓對方更容易接收到自己想表達的訊號（像是「我覺得○○」「○○會讓我很開心」以「我」為主詞也很重要）。

與渣男扯上關係，產生心病的人將無法冷靜地思考問題。正因為如此，請從平常就試著練習「換成可以控制的問題」。

須知7 找出不安的主因

不只和渣男談戀愛，我認為只要談戀愛，人就會感到不安。

話說回來，女性的本能已經被「生產、保護、養育小孩」制約了，所以是比男人更容易感到不安的生物。

因此請先接受「即使感到不安也沒辦法」的事實。然後再找出不安的源頭。

這麼一來，問題比較好處理，心情也比較穩定。

請先思考自己的不安出現在哪個時間軸。

「他最近好冷淡是因為我上次說的那句話嗎？（過去）」

「如果以後遇不到比他更好的人怎麼辦？（未來）」

「要是明天的約會惹他不高興怎麼辦？（未來）」

「當時他為何會那麼冷漠？（過去）」

這種人具有一味思考已經過去的事、未來還沒有發生的事，並為此感到不安的傾向。

因此重點在於依時間軸整理頭緒，聚焦於「現在」。

然後再思考「自己需要這份不安嗎？」大概有很多不安都是沒必要的。

消除沒必要的不安後，應該就能發現「感覺自己現在的生活中好像沒有能讓自己產生熱情的事物」「工作找得怎麼樣了」這種有必要的不安，這種不安才是「現在應該要認真思考的事」吧。

「萬一他不喜歡我怎麼辦」這種不安是操之於別人手中的不安。

很難控制操之於別人手中的不安，但至少可以控制自己生活中的不安。

之所以會不安得不得了，無非是因為沒必要的不安已經超出妳所能負荷了。

所以請定期刪除不安的要素，專心地思考應該要思考的事。

須知8

用歸納法把經驗變成教訓

「思考」這件事本身非常重要。

可是如果被為了填滿空檔而製造出來的煩惱（思考）耍得團團轉，未免也太可惜了。

因此要靠自己的意思立定目的來思考。

以下想為各位介紹任何人都能執行的思考法。

只要能領略這種思考法，就不會對渣男動心，談戀愛會變得非常非常順利。

各位聽過「歸納法」與「演繹法」這兩個名詞嗎？

或許各位會覺得聽起來好難，但其實這兩種思考法在談戀愛時也非常好用。

以下先從歸納法開始說明。

●何謂歸納法？

歸納法是指從不只一個事實找出共同點、導出結論的思考法。

以下舉幾個具體的例子。

例一：

「我以前交往的渣男A是個動不動就發脾氣的人」

「我以前交往的渣男B破口大罵過我好幾次」

「我以前交往的渣男C是個心浮氣躁就會摔東西的人」

我以前交往的男人都有「沒什麼自制力、不會取悅自己」的通病。

由此可見，渣男都沒什麼自制力、不會取悅自己。

例二：

「『把寂寞全部發洩在我身上』是A男甩掉我的原因」

「『我一疏於聯絡就會被LINE奪命連環CALL』是B男甩掉我的原因」

「『對我需索無度，自己卻什麼也沒做』是C男甩掉我的原因」

男人甩掉我的原因都有一個共通點，那就是我「只想到自己」。

由此可知，如果只想到自己，就會被男人甩掉。

所謂的歸納法是不要白費自己過去的經驗，從中獲取對今後有幫助的教訓。

由此可見，每次都愛上渣男的女性是無法從過去的經驗找出共通點或法則的人。

須知9

用歸納法和演繹法來思考

為了善用歸納法，「分析力」是很重要的能力。

舉例來說，如果要分析下列「被甩」的經驗，必須思考「被甩」的構成要素。

被甩↓對方膩了、個性不合、沒能尊重對方的意思或時間、自己太一廂情願、說來說去都是自己的事、自己的吸引力不夠、不了解對方。

像這樣分析下來，原本單純的經驗就能變成接下來的教訓，成為一種財產，有助於發現共通點。

●何謂演繹法？

演繹法是指根據前提的標準進行比對、導出結論的思考法。

上述的標準是指規則、常識或方針、法則等等，一般人視為正確的前提。

以下舉幾個具體的例子。

例一：

(1) 人一旦喜歡上對方，問問題的次數就會增加（做為前提的標準）

(2) 他跟我說話時會問我很多問題（進行比對）

(3) 因此他大概喜歡我吧（結論）

例二：

(1) 彼此互相尊敬，建立長期的關係（做為前提的標準）

(2) 我無法尊敬他，他也不尊重我（進行比對）

(3) 因此我們的關係大概很容易出狀況吧（結論）

這種思考法在進行預測的時候非常方便。

不過，這種思考法也有弱點。

那就是「搞錯做為前提的標準」。

請思考以下的例子。

例三：

(1) 體貼的男人會走在靠近車道的那一側（做為前提的標準）

(2) 我男朋友總是走在靠近車道的那一側（進行比對）

(3) 因此我男朋友很體貼（結論）

大概有人會不以為然地認為「不能這麼判斷」吧。

因為做為前提的標準缺乏適切性及客觀性。

走在靠近車道的那一側或許是體貼的一種展現，但不能光憑這點就判斷那個男人很體貼。

由此可知，演繹法其實很脆弱，萬一搞錯「做為前提的標準」就完全站不住腳。

例如 130 頁的例一

「人一旦喜歡對方，問問題的次數就會增加」

這個例子乍看之下似乎很有說服力，但真的是這樣嗎？

「人一旦喜歡上對方，問問題的次數就會增加」確實說得通。

但即使不喜歡對方，為了炒熱聊天的氣氛也會問問題，另一方面，有人即使喜歡對方，也因為變得很慎重而不敢問問題。

由此可見，演繹法非常方便，但也有脆弱的一面。

因此重點在於在運用演繹法的同時也要對前提持保留態度。

須知10 制定自己的遊戲規則並遵守

在各式各樣的價值觀都能被包容的現代，早已沒有絕對的正確解答了。因此關鍵在於如何從自己的經驗及知識中找出屬於自己的正確解答。其中最完美的思考法莫過於歸納法＋演繹法。歸納法＋演繹法的組合能彌補彼此的缺點，具有不容易被時代左右的特質。以下請以「用歸納法制定自己的遊戲規則，將其運用於演繹法上」的方式來思考。

1 用歸納法制定自己的規則

「交往最久的男朋友總是願意配合我慢吞吞的步調」
「好朋友都稱讚我優柔寡斷的部分『很棒，想得很深入』」
「我最痛苦的回憶是與做什麼事都能果斷決定的男朋友交往，這麼一來就連我也隨時被催著要快點下決心」

從這三個事實可以看出「我跟願意接受我、肯定我這麼優柔寡斷的人交往得比較順利」。

2 用歸納法導出自己的規則並運用於演繹法

「我跟願意接受我、肯定我這麼優柔寡斷的人交往得比較順利（做為前提的標準）」

「現在相處得很好的男朋友對於跟我一起慢條斯理地想事情、花時間溝通的相處模式樂在其中，也願意接受我優柔寡斷的地方，跟他在一起的感覺很舒服（進行比對）」

「因此今後也想繼續跟他維持這段關係（結論）」

由此可知，根據自己過去的戀愛經驗、至今認識的男性資料庫，結合歸納法與演繹法，就能找到適合自己的答案。

須知11 正確地使用交友軟體

你認為「交友軟體是用來尋找男女朋友或結婚對象的工具」嗎？

這個想法當然沒有錯，但我認為這是使用交友軟體時的陷阱。

交友軟體是很方便的工具，但我認為若使用方法錯誤，會使自己疲於奔命。

因為一旦將使用交友軟體的目的設定為尋找另一半，每次都要思考媒合的人「是不是最適合我的男女朋友或結婚對象？」將會浪費很多時間、精神成本。

然後迎來一連串的失望。

即使在互傳訊息的時候覺得「這個人還不錯」，不是見面後發現跟印象完全不一樣，就是交往後對方遲遲不肯刪除交友軟體，諸如此類的情況在所多有。

因此請以「交友軟體不是用來尋找男女朋友或結婚對象的工具」為前提，想清楚這點很重要。

這麼一來，內心就能從容不迫。

當然，如果能因此交到男女朋友當然再好不過，但最好視其為交友軟體的「副產品」。

我認為交友軟體並不是製造邂逅的工具，設定成以下的目的更為重要。

(1) 向男人這種生物學習

(2) 訓練溝通能力

(3) 培養驗證假設的能力

換句話說，要把交友軟體的成本全部當成「學費」。

如此一來就不會感到失落，例如「真是浪費時間」或「我果然不適合用交友軟體」。

那麼，以下為各位說明這三個目的。

(1) 向男人這種生物學習

會對渣男動心的女性對男人的認識都太淺了。

很多女性都以為「自己只有他」，但是說穿了，這是因為認識的男人還太少。

另外，也有人會打電話來問我「全天下的男人都〇〇嗎？」但只要增加接觸男人的機會，不難發現即使同為男人，也有各式各樣的性格。

請不要一下子就認定「全天下的男人都這樣」，利用交友軟體增加認識男人的機會，親身感受世界上其實有各種不同性格的男人。

重點在於靠自己的理解掌握男性心理的傾向。

(2)訓練溝通能力

我認為溝通能力可以分成以下兩種。

- 與對方保持適當距離的能力
- 相互理解、建立信賴關係的能力

也就是「說的能力」「聽的能力」「察言觀色的能力」。

有人認為溝通能力是在聚餐的場合與所有人有說有笑的能力、馬上與所有人打成一片的能力，但我不這麼認為。

那種人跟別人的距離太近了，人際關係很容易出問題。

那麼，很容易對渣男動心的人需要哪些溝通能力呢？

我認為最重要的莫過於「與對方保持適當距離的能力」。

渣男對距離感的掌握往往都太近了。

因此如果為了配合對方的距離感，自己也主動靠近的話，很容易受傷。

請冷靜地觀察對方，保持適度的距離，直到建立起一定的信賴關係。

這裡有一點特別重要，那就是懂得「拒絕」。

舉例來說，才剛認識對方就說「要不要來我家？」如果傻傻地跟去就會搞錯距離感。

不過「拒絕」絕非一件容易的事。因為是人都不想被討厭。

另一方面，不擅長拒絕的人不正是因為過去拒絕別人的經驗太少了嗎。

因此必須利用交友軟體刻意地練習拒絕。

其次是「相互理解、建立信賴關係的能力」，這也是「讓對方了解自己的能力」與

「問問題的能力」。

因為如果不主動表達，對方就無法了解自己；如果不問問題，就無法了解對方。

因此我建議在「對方願意了解自己到什麼程度」與「問哪些問題可以了解對方」這兩個前提下善用交友軟體。

只要提高溝通能力，就不會對渣男動心了。

(3) 培養驗證假設的能力

現代以網路上的溝通為主流。

這時就需要驗證假設的能力了。

換句話說，驗證假設的能力其實是「利用網路上的溝通建立假設，利用線下的溝通進行驗證的能力」。

通常會先利用交友軟體交換訊息對吧。

在交換訊息的階段就能建立某種程度的假設，如下所示：

「這個人一開始就表現出很熟絡的樣子，見面時說不定會突然動手動腳。」

「這個人傳來的訊息都會考慮到分寸，見面時說不定說話也很有分寸。」
「這個人的遣詞用字都很周到委婉，見面時說不定身段也擺得很低。」
重點在於建立假設，不用拘泥正不正確。
見面時再確認自己的假設猜中了幾分。
不妨透過交友軟體培養驗證假設的能力，確實提升判斷的速度與正確性。

須知12 視渣男為遊樂設施

建議各位把渣男當成「遊樂設施」。

與他們交往有很多麻煩，但如果只是玩玩而已，則既刺激又快樂。

因此只要以享受遊樂設施的感覺與渣男交往即可。

執著的同時通常都會產生「這個人屬於我」的占有欲。

如果是主題樂園的遊樂設施，就不會產生「這是只屬於我的遊樂設施，其他人想坐的話是想氣死我嗎？」的心理。

把渣男當成遊樂設施，視渣男為共有物，就能減少執著的心態。

可惜或許只有精神上夠獨立自主的女性才能看得這麼開。

如果要與渣男打交道，就必須好好地找出折衷之道。

須知13 靠美感選擇對象

我收到過以下的問題。

「變成砲友，持續著亂七八糟的關係。是不是結束這段關係比較好？」

「我想跟前男友復合，你覺得呢？」

「他對我漫不經心，但我們還繼續交往，我離不開他。該怎麼辦才好？」

「我想找意中人出來約會，卻怎麼也提不起勇氣。該怎麼辦才好？」

「他單方面說要分手。我想報復甩掉我的他，你覺得如何？」

談戀愛的時候很容易陷入這種「再這樣下去真的好嗎？」的苦惱，深陷煩惱的漩渦中，無法自拔。

我猜提出這些問題的人肯定都在追求一個「該這麼做」的正確解答，但這些問題並沒有客觀的正確解答。

美感這時就顯得格外重要。

簡而言之，就是要思考「自己認為這個行為、這個選擇是美好的嗎？」

以下問題請試著自問自答：

「與砲友保持亂七八糟的關係的自己美好嗎？」

「想跟前男友復合的自己美好嗎？」

「明明受到漫不經心的對待還繼續跟對方交往的自己美好嗎？」

「不敢約對方出來，一直糾結的自己美好嗎？」

「分手後就想要報復對方的自己美好嗎？」

因為一直想以「這樣才是對的」「必須這麼做」的標準來判斷，才無法釐清「戀愛的正確答案」。

另外，正不正確的判斷標準因人而異，所以不假思索對別人的意見囫圇吞棗也很危險。

例如——

「既然愛他，無論什麼形式都好，總有一天要變成他的真命天女。」

「既然喜歡的心情尚未消失，就應該力求復合，不要放棄。」

「應該由男性主動告白，不該由女性示愛。」

「誰叫他要傷害我，應該以牙還牙，給他點顏色瞧瞧。」

必須好好地思考以上的想法。

如果想用正不正確來判斷，就會搞不清「什麼才是對的」，被許多人的意見干擾得無所適從。

請用美感來判斷，而非正不正確。

只要符合妳的美感，那個選擇就是妳心中的正確解答。

戀愛的迷思與本質

以下是戀愛的迷思與戀愛的本質。

- 「只要我付出一切，對方就會回頭看我」是錯的，只要妳有魅力，對方就會回頭看妳。
- 「他或許會為我改變」是錯的，唯有先改變自己，他才可能改變。
- 「只要交到男朋友就能得到幸福」是錯的，交到男朋友會得到幸福的人就算只有自己一個人也能過得很幸福。
- 「唯有共通點能維繫彼此間的關係」是錯的，重點在於能不能享受發現差異的樂趣。
- 「對方不聯絡是因為不愛我」是錯的，不聯絡就會完蛋的信賴關係才有問題。
- 「愛要由對方給予」是錯的，愛既是獲得，也是付出。

- 「交往是為了讓關係長長久久」是錯的，長長久久不是目的，而是結果。
- 「只愛對方的優點」是錯的，就連缺點也覺得迷人才是真愛。
- 「這個人一定不會傷害我」是錯的，重點在於就算被他傷害也能甘之如飴。
- 「言行舉止要盡量討對方歡心」是錯的，如果對方不喜歡自己活出自己想要的樣子就不要勉強。
- 「戀愛的重點在於享受男人的追求」是錯的，想被男人追求的時候就得主動出擊，倒追與態度積極是兩回事。
- 「我談戀愛不順利都怪對方是渣男」是錯的，愛上渣男的自己也有問題，或許是自己讓對方變成渣男。

第三章的重點整理

這一章的重點是「成長吧」「自立自強吧」「活出自己的人生吧」。

如果有讓各位覺得受用的內容，不要只是看過就算了，請務必採取行動。

在覺得很重要的地方畫線、抄下來也是一種行動。

我相信只要女性能成長、自立自強、活出自己的人生，就不會為渣男動心了。

4

誠實的男人這裡不一樣

第四章將為各位介紹「戀愛談得很幸福的人所選擇的男人」。
即使了解這些男人的特徵，如果不能變成配得上那些男人的女人，
也無法順利地與他們交往。
不過，光是了解接下來要告訴各位的男性特徵，
或許就不會再陷入與渣男談戀愛的泥沼中了。

以下是理想的男性

請稍微思考一下以下的例子。

有兩個國家，分別是A國與B國。

A國只有渣男，B國有很多好男人。

假設妳在A國出生、長大。A國的男人劈腿就跟呼吸空氣一樣自然，說謊騙女人就跟吃飯睡覺一樣自然。

A國的居民從小就在這種男人的圍繞下長大，因此認為被劈腿、被騙是極其正常的事。

A國的居民從未想過他們是渣男。

有一天，海的對面漂來一艘船。

常。

船上有人示警：

「這個國家很危險，這裡只有渣男。」

A國的居民根本聽不懂船上的人在說什麼。因為他們早已對這個國家的一切習以為常。

船上的人鍥而不捨地勸說：

「B國有很多好男人，搭這艘船來B國吧。」

A國的人只會覺得「這傢伙好奇怪」。誰也不敢上那艘船。

A國的人為什麼不上船呢？原因很簡單。

因為他們沒看過好男人，也不知道好男人是什麼樣的人。

我想透過這個故事表達的是保持懷疑「自己眼中的世界或許是個錯誤的世界也說不定」很重要。

接下來將為各位介紹B國的男性。

類型 1 在看不見的地方也很體貼

所謂在看不見的地方也很體貼表現在「不做什麼」而非「做什麼」上。

亦即不劈腿、不說謊、不否定對方說的話、不說會傷害對方的話、不會說話不算話、不讓人枯等、不亂發脾氣、不會分不清距離感、言行舉止不會自相矛盾等等。

或許各位會覺得「這不是廢話嗎」。

那麼，請問妳身邊有多少男人符合上面列舉的所有條件？

渣男基本上都有幾條不符合。

他們擅長給予「看得見的體貼」，因此女性很容易忽略這些「看不見的體貼」。

也因此不要被眼前看得見的體貼迷惑，要留意觀察看不見的部分。

另一方面，能在對方完全沒有意識到的情況下，無聲無息地做出體貼的舉動，這種體貼已臻化境的男人更是不可多得的好男人。

換句話說，這種人的體貼已經到了出神入化的地步。

他們不會為了滿足自己而讓對方覺得自己很體貼。

他們認為讓眼前的女人開心、感覺舒服比得到某些人的肯定更重要。

除此之外，存在本身就很溫柔的人也是極品好男人。

這點比較難說明，感覺就像那個人光是站在那裡，就會散發出溫柔的光圈。

真正的體貼與那個人本身的性格密不可分。

雖然沒有具體做些什麼，只要待在對方身邊，心情就會平靜下來；即使對方不在身邊，也能讓人充滿安全感的男人就是這種人。

為了得到安全感，過度依賴看得見的體貼會讓人看不見潤物細無聲的體貼。

類型2 想了解看不見的部分

即使有男人讚美妳的外貌，也很少有男性能著眼於妳深層的魅力。

像是努力面對自己軟弱的態度、感受對方的體貼，為此心生感激的觀察力、一點小事就能感動的感性、看事情的角度既寬廣又深入等等……有些連自己都不知道的優點都能以言語說出來的男人。

話說回來，唯有花時間觀察對方、深入地交談、一起經歷過許多風雨，才能明白對方深層的魅力。

我認為「想了解那些看不見的部分的男性」同時也是能從「人類好深奧啊」「每個人都不一樣，太有趣了」的角度看事情的人。

至少目光如豆，認定「所有人都這樣」的男人根本不想去了解那些看不見的部分。

類型3 對自己的體貼持保留態度

我們從小就受到「己所不欲勿施於人」「送花者手有餘香」的教育，從某個角度來說，這或許是一種自我中心的想法。

「喜歡的事」與「討厭的事」因人而異，所以重點在於保持「自以為體貼的行為，對方或許不以為然」的觀點。

「我明明是出於好意，卻傷了對方的心」

「明明保持距離以免互相傷害，反而忽略了真正重要的東西」

……以上的情況屢見不鮮。

正因如此，請隨時提高警覺，對自己的體貼持保留態度，想清楚自己的舉動會給別人帶來什麼樣的影響。

類型4 不會隨便產生共鳴或同理心

如今似乎有「我懂」「我明白」這種動不動就產生共鳴或同理心的趨勢。

但如果是自己好不容易才擺脫的過去、拚了命才克服的自卑感，想必「不想得到那麼廉價的共鳴」「不願被那麼輕易地理解」吧。

對於這些過去，如果對方說「我懂我懂，我學生時代也○○」，應該要產生「希望你不要輕易地自以為理解」的警覺。

寫給男生看的戀愛教科書經常提到「女性很重視共鳴」。

這句話並沒有錯，但是企圖以「假裝理解」打動女人芳心的男人愈來愈多了也是事實。

這種「假裝理解」的背後其實藏著「只要對女性表現出共鳴就行了」的傲慢。

類型5 吃過苦

我認為「每個人體驗過的困難程度其實都差不多，差別在於對自己的苦難有多少自覺」。

「對苦難的自覺」是指能否自行消化發生在眼前的困難及慘狀、或者從自己內心湧出的負面情緒。

誠懇地面對所有困難，靠自己的努力克服那些苦難的人當然是吃過苦的人。徹底克服那些苦難的人肯定很清楚自己的軟弱與醜陋、痛苦，因此接受別人的幫助時大概能打從心底感謝對方。

相反地，只會依賴別人或環境的人不懂得感謝別人的善意。

明白許許多多的喜悅固然重要，但是了解許許多多的苦難也相當重要。吃過苦的男人確實比較值得信賴。

類型6

眼中有著深深的悲憫

如同「以眼傳情」這句話所說，眼神有時候比任何言語更能說出事實。因此用什麼眼神說話比說什麼話更重要。

善良、真誠、坦白、愛意、人生經驗全寫在眼裡。

看到這裡，或許有人會覺得「這也太難判斷了」。

但是說得不客氣一點，因為想仰賴那些「容易判斷的東西」，也就是「清楚明瞭的東西」，才抓不住真正重要的東西。

重要的事最好直接見面，看著對方的眼睛說。

手機很方便，但 LINE 或社群網站上並沒有妳想知道的真相。

最終可以相信的，或許只有對方的雙眼。

類型 7

願意把妳介紹給家人朋友

男人把妳介紹給家人朋友是基於以下的背景。

- 跟家人朋友的關係良好
- 因為妳是很有魅力的女人，足以讓他想把妳介紹給家人朋友
- 這其實也是在向妳表示「我不會劈腿」

因此如果他願意把妳介紹給家人朋友，就表示他很認真地思考與妳的關係。

另一方面，渣男不會把妳介紹給家人朋友，因為這樣會妨礙他們遊戲人間。

此外，一旦把妳介紹給身邊的人，要分手就沒有那麼容易了。

對於有個什麼閃失的時候想逃避責任的渣男而言，這也是很大的缺點。

交往前問對方：「你以前向家人朋友介紹過女朋友嗎？」或許也是很有效的手段。

類型 8

發自生活的從容自若

經常可以聽到「從容自若的男人很迷人」這種說法，我也覺得以下這種從容自若的男人很迷人。

- 因為對自己深信不疑而變得從容自若
- 因為曾經認真地愛過一個人而變得從容自若
- 因為有熱愛的事物而變得從容自若
- 因為克服了許多困難而變得從容自若
- 因為思考過各式各樣的問題而變得從容自若

如果是因為與許多女人交往過、瞧不起女性而變得從容自若也難掩輕挑，但發自生活的從容自若絕不輕浮，更多的是誠實。發自生活的從容自若會表現在說話及態度上，也會表現在眼神裡。那種男人會保護妳，也會信賴妳。

類型9 想更了解妳

也經常可以聽到「值得尊敬的男人很迷人」這種話，但我認為真正的「尊敬」是在對方身上的一連串發現。

為了能在對方身上有一連串發現，就必須正視自己無知的部分。

「我還不了解妳○○的部分呢」，對方會面對妳，也面對自己，想要從各種不同的角度認識妳。

在與這種男性建立關係、交談的過程中，女方應該也會加深對自己的理解，覺得「跟這個男人聊天能發現新的自己」。

由此可知，持續發現新大陸的男性會激發出妳更多的魅力。

類型10 純真無邪

吃到美味的食物能坦誠地說「好好吃！」的男性、看到美麗的風景能坦誠地感嘆「好漂亮！」的男性、窺見別人努力工作的模樣能坦誠地表示佩服「真了不起！」的男性。

我從未見過這種坦誠又純真無邪的男性會在渾然不覺的情況下傷害女性。

能表現出坦誠又純真無邪的模樣證明他們的內心也很平靜。

如果是披著羊皮的狼，不會表現得這麼坦誠。不僅如此，坦誠又純真無邪的還能給對方安全感。因為他們很好懂。

高興的時候就露出喜悅的表情，不高興的時候就露出不開心的表情。

好懂的人、心裡的想法與肢體語言一致的人很值得信賴。

如果一直自欺欺人，會忘記自己真實的心情。

這麼一來身心就會失衡，無法坦誠地表現出來。

男人讓女人不安的時候無非是女人覺得「不曉得這個人在想什麼」時，這種男人欠缺的就是坦誠。

所以坦誠又純真無邪的男人非常難能可貴。

即使不見面的日子，這種男人大概也會傳照片給妳說「今天的夕陽好美啊」。

誠實的男性一旦打從心底愛上那個女人，即使是枝微末節的小事也想向對方報告。

這是因為他們希望對方更了解自己，一起分享這個世界。

因此重點在於成為感受性豐富的女人，好讓對方事無鉅細都想向妳報告。

類型 11

不會讓人產生不必要的期待

談著苦澀戀愛的女性通常都會「產生不必要的期待」。

原因基本上都來自於對方不負責任的言行舉止。

- 明明沒有要交往的意思卻採取會讓人誤會的舉動
- 隱瞞自己已婚或有女朋友的事實
- 不願說明自己的行為好讓對方能夠接受

用歸納法來思考這些共通點，應可得到「不說清楚」的結論。

因此不搞曖昧、說話做事光明磊落的男性肯定都很誠實。

例如既然對妳沒意思，就說清楚「我對妳沒意思」的男人。

明明知道會傷害對方，仍老實地表達自己真實想法的男性無疑是誠實的人。

類型12 會自己取悅自己

任何人都有心情不好、情緒低落的時候。

這時如果知道該怎麼取悅自己，且不影響到他人的話可以說是很成熟的人。

例子心情不好的時候會主動承認「我今天的心情有點糟，可能會影響到妳，所以不能與妳見面」的男人。

當對方感到煩惱、情緒低落的時候，這種男人通常會給予適當的安慰、一針見血的解決方案。

或者是一言不發地抱緊妳，以穩定的情緒陪在妳身邊。

他們已經面對過各式各樣的痛苦與煩惱，所以才能設身處地地為對方著想。

心情總是很樂觀的男人說是踏遍許多地獄的男人也不為過。

類型13 內心充滿愛

什麼樣的男性是內心充滿愛的男人？

話說回來，愛是什麼？

古希臘哲學家亞里斯多德說過：「比起被愛，愛反而更存在於主動去愛的人心中。」知名的社會心理學家埃里希．佛洛姆則說：「愛是給予，不是獲得。」

從這些名言看來，愛並不是被動的獲得，而是主動的給予。

遵循以上的前提，我試著從「純粹性」「全力性」「包容性」的角度來定義愛。

純粹性……意指為對方著想的心情有多麼純粹。

如果是想滿足生理欲望或排遣自己的寂寞、或是「跟這個人交往可以向別人炫耀」等理由或目的是為了自己的利益，就不夠純粹，當然也不是愛。

全力性……意指全力給予這輩子得到的一切，既非自我犧牲，也不是獨善其身。並打算持續下去。

明明昭告天下「我會永遠愛妳」，卻不努力去愛，說不愛就不愛，要求分手的行為就是缺乏全力性。

有決心、能做出判斷、並且執行到底的行為即為全力以赴，也可以說是愛的本質。

包容性……意指接受自己、寬容待人，也願意接受對方心意的態度。

愛這個字在受的中間有一顆心，也就是接受心意的意思。

「接受對方的心」是指持續地了解對方、持續地對話、持續地感謝、持續地相信、持續思考與對方的關係。

例如「原諒」就是一種包容性很高的行為。

為了原諒對方，必須了解對方、展開對話、心存感激、相信、建立信賴關係。

好男人能讓妳心靈富足

以下是好男人能給帶妳的「心靈富足」。

- 好男人會明白妳的體貼，妳也會因此變得更體貼。
- 好男人能發現就連妳也不知道的優點，妳也會因此變得更有自信。
- 好男人會公開自己的內心世界，妳也會因此感到更放心。
- 好男人能把妳的缺點變成優點，妳也會因此活得更像自己。
- 好男人不會否定妳，妳也會因此變得更有勇氣。
- 好男人願意與妳分享知識，妳也會因此變得更聰明。
- 好男人會與妳暢談未來，妳也會因此過得更開心。
- 好男人珍惜自己的時間，妳也會因此開始珍惜自己的時間。
- 好男人願意負起責任來，妳也會因此變得能做出決斷。
- 好男人仰賴妳，妳也信賴他。

- 好男人會認真地跟妳討論問題，兩人的關係也會因此發展得更順利。
- 好男人重視未知的事物，妳也會因此不再害怕未知的事物。
- 好男人會感謝妳，妳也能深刻地感受到與他交往的喜悅。
- 好男人會發現妳的可能性，妳也能因此更上一層樓。
- 好男人會談論這個世界的美好，讓妳的世界更豐富。
- 好男人愛妳，而妳也學會愛，愛著對方。

第四章的重點整理

對於第四章提到的男性，就算妳覺得「天底下才沒有這種男人呢」也請放心。

只要改變自己，與妳交往的男性應該也會產生確實的質變。

追求成長的男人喜歡想跟自己共同成長的女性，誠實的男人喜歡誠實的女性，內心有愛的男人喜歡內心有愛的女性。

現在就開始改變自己。讓自己的戀愛變得更好吧。

5

擺脫渣男，成為比現在更好的女人

這一章是我最想透過這本書傳達的觀念。
這一章不會寫出「明確的答案」。
然而，請務必仔細思考「想成為什麼樣的自己」。
想過得更好意味著要選擇更好的自己。
請以離開渣男，成為更好的自己為目標。

1 如何與渣男斷乾淨

我過去輔導過許多無法與渣男分手的女性。

渣男就跟黑心企業一樣，無論女方再怎麼想斷開連結，還是經常陷入分不開的困境。

例如向對方提出分手，對方卻以「我不想分手」「我需要妳」的說詞動之以情。

這種時候，大部分的女性都會心軟。

有時是怕對方惱羞成怒，所以不敢分手。

如果遇到上述心軟或擔心報復的情況，該怎麼分手呢？

・如果會心軟

如果直接見面會心軟，建議用 LINE 表達分手的意願。

不妨直接告訴對方：「我對你已經沒感覺了。」

如果是「我覺得分開比較好」這種模稜兩可的說法，對方很容易就能反駁。

也不要用「因為我工作愈來愈忙」這種一看就知道是藉口的理由。

重點在於「要有傷害對方的覺悟」。

如果對方是渣男，很難在不傷害任何人、誰都沒有錯的情況下和平分手。

分手時必須狠下心來。

如果分手後對方繼續傳簡訊給妳，可能會輸給誘惑，所以一旦決定要分手，最好封鎖對方的 LINE。

最好下定決心，連社群網站也一併封鎖。

• 如果擔心報復

如果對方可能會動手打人，光靠電話或 LINE 的訊息可能無法讓對方接受，對方甚至會直接找上門來。

這時不妨選在咖啡館或餐廳等眾目睽睽的場所，坦承自己的心情，提出分手。

如果連這樣也會害怕，請向警方或婦幼單位求助。

我過去接過的電話諮詢裡，也有鬧到警察趕來，對方還不肯分手的個案。

由此可知，要有壯士斷腕的決心才能與渣男分手。

另外，如果有共同的朋友，對方可能會透過各式各樣的方式來接觸妳，所以跟共同的朋友也保持距離比較好。

唯有真的拉開物理上的距離，才能解決彼此間的問題。

如果以為對方總有一天會離開妳，繼續保持分分合合的關係，只會愈來愈分不開吧。

2 把自己的人生與對方的人生一刀切開

離不開渣男的女性中，有些人的想法是「要是沒有我，他就活不下去了」。才沒有這回事。他還是活得好好的。

再說了，只有他能左右自己的人生，而不是妳。

妳離開他有時候對他的人生反而是一件好事。

因為妳的存在很可能阻礙他的獨立。

我明白這種充滿罪惡感的心情，但是人為了獨立，孤獨是必要之惡。

如果妳真心為他著想，請勇敢地離開他。

3 忘不了也沒關係

「我想忘了他，該怎麼做才好？」有人問過我這個問題，但基本上，我認為忘記不是一件容易的事。那麼該怎麼做才好呢？

我的建議是稀釋。

請想像成加入新的水以降低液體濃度的樣子。

為了稀釋，總之需要新的開始，成為新的自己。

不妨從事至今不曾嘗試過的重訓或健走，換個髮型或衣服。

像這樣改變自己，就能漸漸地不再想起他。

即使不小心又想起他，也無需責備自己。

告訴自己：「我又想起他了，可是想起他的次數已經沒有以前那麼頻繁了。」接受這樣的自己是重新振作起來的不二法門。

4 不甘心就不甘心吧

截至目前，我看過無數與渣男結束戀愛關係的女人，她們都有一個共通點，那就是「不甘心」。

她們會說：

「人生差點被一個男人毀掉的自己簡直是蠢斃了。」

「怎麼會愛上那種男人啊。自己當時也太沒眼光了。」

「再也不要變回那個面目可憎的自己了。」

我發現她們不甘心的點並不是「問題出在對方身上」，而是「問題出在不成熟的自己身上」。

如果只會怪對方，不願意面對自己的不成熟，這種女性其實不懂什麼是不甘心。

不過，如果因為不甘心而產生「那傢伙最好受到報應」的念頭，等於心裡有「那傢伙把我害得這麼慘，希望他也受到相同的苦」的被害者意識，也稱不上是不甘心。

另一方面，如果產生這樣的想法，反而更容易變得死心眼，不停地折磨自己。

從某個角度來說，我所謂的「不甘心」其實是否定自己。

因為確實應該要否定「愛上渣男的自己」。

要面對自己愛上渣男的愚蠢大概很不好受。

如果把錯都推到渣男頭上，自己就不會受傷，但是如果轉過身去，不肯面對問題，只會重蹈覆轍。

所以必須面對自己。

不甘心就不甘心，悔不當初就悔不當初吧。

我認為這份不甘心將大大地改變妳今後的人生。

5 到底能不能跟渣男交往

我可沒說「不能跟渣男交往」。

只要做好心理準備，想跟什麼男人交往都可以。

如果是「即使自己的人生變得亂七八糟，即使發生無可挽回的事，我也想跟這個男人交往」而非一時衝動的決心，那麼又有何不可。

重點在於無論發生什麼事，都不要怪罪對方。

無論對方說話多難聽、被打得多慘、受到多嚴重的傷害，都必須自負其責，坦然接受「這是我自己選擇的人生」。

與渣男交往的重點在於「即使對方死性不改，我也能一直愛著對方」而不是「我想改變對方」。

話說回來，當妳想改變對方的時候，就已經不是真愛了。

6 妳就是妳

倘若意中人對別的女性十分著迷，有人會期待「只要自己也變成那種女人，他應該就會回頭看我了」，甚至想變成自己以外的人。

可惜就算妳變成那種女人，他也不見得會回頭看妳。

而且想變成別人的念頭還會折損自己的魅力。

個性也是一個人的魅力所在。

重點在於挖掘自己的個性，讓自己更有魅力。

妳應該要比任何人都讚賞自己的魅力才對。

這麼一來妳就會覺得「執著於一個看不到我渾身魅力的男人未免也太傻了」。

7 請這樣改變自己

只要離開渣男就能擺脫「感到不安、充滿壓力、對自己缺乏信心、失去活著的力氣」這種消極狀態，出現以下的變化。

1 改變使用時間的方法

握著手機等他打電話來的時間、在他的社群網站搜尋蛛絲馬跡的時間、腦子被不安占據的時間、與他見面的時間……以上這些時間都將成為自己能任意揮霍的時間。

起初可能不曉得該做什麼才好。

但是做什麼都可以。

可以看電影、聽音樂、看書、旅行、開始學才藝、養寵物、換工作、甚至什麼都不做也沒關係。

深陷渣男沼澤的人都說「我不曉得該做什麼才好」，亦即「處於連自己想要什麼都不知道的精神狀態」。

可是只要能離開他，就會發現想做的事多如繁星。

也能享受由衷感到自由自在的時間。

2 改變對事物的認識

離開渣男，擺脫壓力及不安後，感官會變得敏銳。

散步時會感覺風很舒服、對藍得望不見一片雲的天空大受感動、留意到季節的氣味、保持穩定的心情、看見路邊開得很漂亮的花、感覺內心受到洗滌等等，得到前所未有的平靜，發現世界是如此的美好。

這麼一來，就很容易專注於一件事情上。

產生自己與專注的事融為一體的感覺。

我認為這種感覺不啻於「活出自己的人生」。

換句話說，將可以深刻地感受到「自己正活出自己的人生」。

3 改變自己或交往的男性

透過電話諮詢或社群網站從與渣男的戀愛中清醒過來的女性通常會向我報告以下的結果。

「大家都說我『表情變得開朗，人也變漂亮了』」

「開始跟好男人交往了」

「不再為小事煩惱，生活變得開心了」

……等等。

即使還無法想像，等妳離開他以後，妳就會改變了。

能由自己改變自己的人生該有多麼快樂、多麼幸福啊。

鼓起勇氣採取行動的前方充滿了希望之光。

8 培養自己的語彙

煩惱或痛苦的時候，我們都曾經被某個人說的話解救、鼓勵過吧。

人生在世，在培養肉體和精神的同時也要培養語彙。

依賴別人的語彙固然重要，但有時也必須由自己對自己說出那句鼓勵的話。

當我們能對自己說出自己需要的話，就能對自己產生信賴感。

這種感覺將成為「自己的避風港」，對於堅定不移的自己是不可或缺的感覺。

因此為了別再談苦等對方回頭的戀愛，為了自我成長，為了迎向更好的愛情，培養自己的語彙也很重要。

請培養自己的語彙，變成自己就能珍惜自己的人。

9 關於失去這件事

與渣男扯上關係，確實會失去很多東西也說不定。

可是對失去的東西耿耿於懷也改變不了什麼。與其計較那些失去的東西，為此怨天尤人，不如坦然地接受這一切。

人生就是不斷地失去。其中最大的失去莫過於生離死別。

生離死別非常痛苦，或許會讓人遲遲無法再往前走。

不過，人生在世，在我們形成自我的過程中必然伴隨著別離。唯有面對那些刻骨銘心的悲痛、無法癒合的傷口，接受它、放下它，才能遇見新的自己，走出一條新的康莊大道。

換言之，失去並不是世界末日，而是一個新的開始。

請相信妳失去的東西必定會為妳的人生帶來重大的意義，繼續往前走。

關於愛情及人生的一切

以下是我對愛情及人生的看法。

- 因為孤獨，才能感到豐盈。
- 因為後悔，才能成熟。
- 因為不甘心，才能走得更遠。
- 因為寂寞，才能感受溫暖。
- 因為不平，才想戰鬥。
- 因為變得消極，才能保護自己的心。
- 因為脆弱，才能貼近別人的痛苦。
- 因為活得很辛苦，才有表演與藝術。
- 因為遙不可及，才繼續吶喊。

- 因為有批評，才能反省。
- 因為忘不了，才有回憶。
- 因為自卑，才能加速成長。
- 因為失去，才有開始。
- 如果沒有分離，就沒有相遇。
- 如果沒有挫折，就沒有救贖。
- 如果沒有不安，就沒有放心。
- 如果沒有絕望，就沒有希望。
- 如果沒有不幸，就沒有幸福。
- 如果沒有憎恨，就沒有愛。
- 因為有渣男，才發現自己的軟弱。
- 因為有渣男，才變得堅強。
- 因為有渣男，才遇見真正的溫柔。
- 因為有渣男，才思考什麼是愛。

第五章的重點整理

我認為人生沒有不必要的東西。

如果有，只是自己認為不必要而已。

因此即使是遇見渣男的經歷、執著地依附他的自己、陷入自怨自艾的日子都不是不必要的冤枉路。

因為應該也從中學習到很多東西、有很多收穫才對。

我認為重點在於坦然接受「那都是自己需要的過程」。

寫在最後

獻給渣男的花束

非常感謝大家看完這本《這種男人不要選！渣男鑑定手冊》。

渣男確實很可恨。

要消除這股恨意並不是一件容易的事。

可是我認為怨恨只會產生報復心理。

而那股報復心理遲早會傷害自己。

所以希望大家都能愛他們，而不是恨他們。

我知道這個要求實在是強人所難，但這是我的中心思想。

「愛」他們並不是硬要跟他們扯上關係。
也不是勉強自己去肯定對方。
我想說的是別把渣男當成渣男，而是「尊重他們身為一個人的存在」。
當妳能做到這一點，不也意味著妳真能從此與渣男分道揚鑣，成為更成熟的人嗎。

人生在世，並非永遠都能做出正確的選擇。
會犯很多錯，失敗很多次。
但我認為這一切都是妳努力活著的證明。
妳是靠自己的意志、自己的腳走到今天這一步，光是這樣就有價值，就值得尊敬。
不見得走在完全正確的路上，但妳一定是往最理想的方向走去。

最後，請容我藉這個機會向所有照顧過我的人致上發自內心的謝意。
所有打電話來諮詢的人、stand.fm 的各位聽眾、線上社群「w√「OCEAN」的朋友們、推特及IG的各位追蹤者，非常感謝你們總是不吝於給我支持與鼓勵。

出書是我的夢想，如今得以實現，我真的非常感動，也很高興。

但願這本書能變成一個祝福。

我永遠是各位的後盾。

板垣太朗

高寶書版集團
gobooks.com.tw

新視野 New Window 254
這種男人不要選！渣男鑑定手冊
成長した女は、その男を選ばない"クズ男"見極め教本

作　　者　板垣太朗
譯　　者　賴惠鈴
責任編輯　吳珮旻
封面設計　林政嘉
內頁排版　賴姵均
企　　劃　鍾惠鈞
版　　權　張莎凌

發 行 人　朱凱蕾
出　　版　英屬維京群島商高寶國際有限公司台灣分公司
　　　　　Global Group Holdings, Ltd.
地　　址　台北市內湖區洲子街 88 號 3 樓
網　　址　gobooks.com.tw
電　　話　(02) 27992788
電　　郵　readers@gobooks.com.tw（讀者服務部）
傳　　真　出版部 (02) 27990909　行銷部 (02) 27993088
郵政劃撥　19394552
戶　　名　英屬維京群島商高寶國際有限公司台灣分公司
發　　行　英屬維京群島商高寶國際有限公司台灣分公司
初版日期　2023 年 02 月

國家圖書館出版品預行編目（CIP）資料

這種男人不要選！渣男鑑定手冊 / 板垣太朗著；賴惠鈴譯 .
-- 初版 . -- 臺北市：英屬維京群島商高寶國際有限公司臺灣分公司 , 2023.02
面；　公分 . -- (新視野 254)

譯自：“クズ男 " 見極め教本 : 成長した女は、その男を選ばない

ISBN 978-986-506-638-3 (平裝)

1.CST: 戀愛　2.CST: 戀愛心理學　3.CST: 兩性關係

544.37　　111022319

GOBOOKS & SITAK GROUP ©